NHK プロフェッショナル 仕事の流儀 7

表現するプロフェッショナル

編：NHK「プロフェッショナル」制作班

NHK プロフェッショナル 仕事の流儀

7 表現するプロフェッショナル

目次

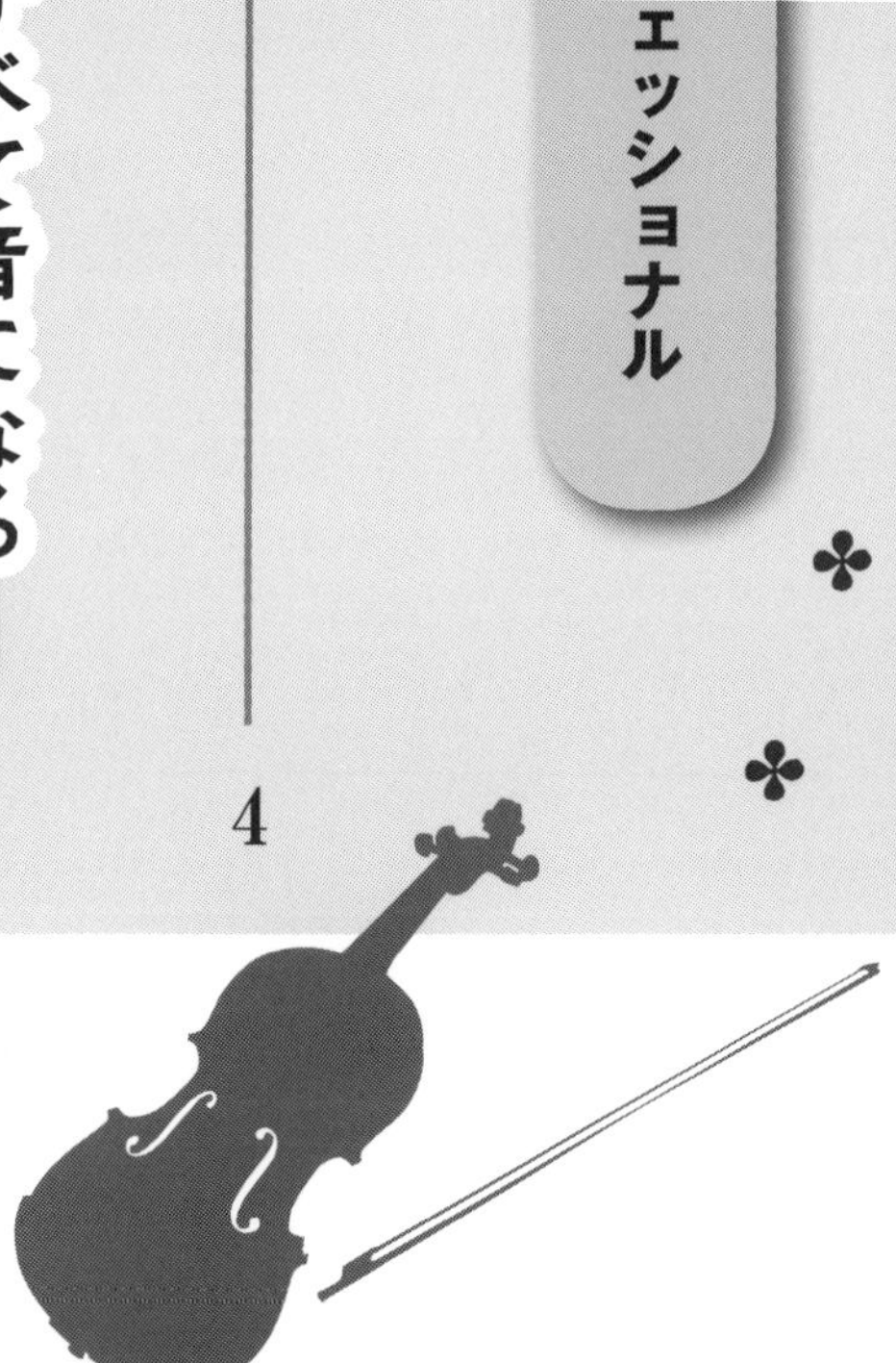

あ

はじめに

このシリーズは、ＮＨＫで放送された番組『プロフェッショナル 仕事の流儀《りゅうぎ》』を書籍《しょせき》にまとめなおしたものです。

番組では、さまざまな分野の第一線で活躍《かつやく》しているその道のプロフェッショナルたちの「仕事」をほり下げ、プロフェッショナルたちの仕事にのぞむ姿勢《しせい》や、その生き方をつらぬく「流儀《りゅうぎ》」を紹介《しょうかい》しています。

７巻《かん》「表現《ひょうげん》するプロフェッショナル」では、さまざまな表現《ひょうげん》方法で、自分の思いや心の奥《おく》にある感情《かんじょう》を表現《ひょうげん》することにこだわった、５人のプロフェッショナルたちが登場します。

プロフェッショナルたちの仕事にのぞむ姿勢《しせい》や考え方をとおして、仕事の奥深《おくぶか》さ、働くということの魅力《みりょく》、プロフェッショナルたちの生き方の流儀《りゅうぎ》を伝えられればと思います。

ストーリーの最後には、プロフェッショナルたちの格言《かくげん》をのせています。プロフェッショナルたちのことばが、これからを生きるみなさんの道しるべになることを願います。

「表現《ひょうげん》するプロフェッショナル」編集部《へんしゅうぶ》

楽しみも苦しみも、すべて音になる

バイオリニスト
五《ご》嶋《とう》みどり

写真：TheNewYorkTimes／アフロ

「Midori《ミドリ》」の名で知られる、日本人バイオリニストがいる。
わずか11歳《さい》でデビューして、世界に衝撃《しょうげき》をあたえ、
以来、30年あまり、世界のトップバイオリニストとして活躍《かつやく》している。
世界中から演奏会《えんそうかい》の依頼《いらい》が絶《た》えず、年間100回近くの公演《こうえん》をおこなう。
世界を飛び回り、一流の指揮者《しきしゃ》やオーケストラと共演《きょうえん》を重ね、
喝采《かっさい》をあびる彼女《かのじょ》の魅力《みりょく》は、圧倒的《あっとうてき》な技術《ぎじゅつ》と表現力《ひょうげんりょく》。
それは、音楽に対するひたむきさから生みだされる。
ときに楽しみ、ときに苦しみながら、
真っすぐに音楽に向き合い続ける中で、見つめるようになった原点。
「音楽とは何か?」
こたえを探《さが》す彼女《かのじょ》は、大きな挑戦《ちょうせん》にふみだす。
「Midori《ミドリ》」は、どんなこたえにたどりつくのだろうか。

✳世界のMidori《ミドリ》

アメリカ、ロサンゼルス。

早朝の大学に、ひとりの日本人女性《じょせい》が出勤《しゅっきん》してきました。背負《せお》っている80センチのバイオリンケースが大きく見えるほど小がらな人。でも、世界中に名前を知られる偉大《いだい》なバイオリニストです。

五嶋《ごとう》みどりさん。

このロサンゼルスに活動拠点《きょてん》をおきながら、1年間に100あまりの公演《こうえん》をこなすため、いそがしく世界各地を飛び回っています。

一見少女のようにも見える、ほっそりとしてにこやかな五嶋《ごとう》さんですが、プロの音楽家になってもう30年以上のキャリアをもつベテランです。というのも、演奏家《えんそうか》としてデビューしたのが、わずか11歳《さい》のときだったからです。

バイオリンをはじめたのは4歳《さい》の頃《ころ》でした。近所の子どもたちにバイオリンを教

アメリカにわたってレッスンを受ける五嶋《ごとう》さん。

えていたお母さんから指導《しどう》を受けはじめ、みるみる上達。10歳《さい》のとき、さらに本格的《ほんかくてき》なレッスンを受けるために、お母さんとともにアメリカにわたりました。

五嶋《ごとう》さんの特別な才能《さいのう》は、アメリカの専門家《せんもんか》たちに高く評価《ひょうか》されました。そして1年もたたないうちに、一流のオーケストラの公演《こうえん》にゲストとして出演《しゅつえん》し、おとなでもむずかしい曲をどうどうと弾《ひ》きこなして、衝撃的《しょうげきてき》なデビューをはたしたのです。

一躍《いちやく》、世界的な注目の的となった天才児、五《ご》嶋《とう》さんについて、20世紀の音楽界を代表する名《めい》指揮者《しきしゃ》として知られたレナード・バーンスタインさんは、

「もう、なんと言ったらいいのか……。ミドリの演奏《えんそう》を聴《き》いたときには、おどろいて、ただ口をぽかんとあけていることしかできませんでした」

と語り、首をふりました。一流の音楽家がことばを失うほどの確《たし》かな技術《ぎじゅつ》と豊《ゆた》かな表現力《ひょうげんりょく》が、少女だった五嶋《ごとう》さんには備《そな》わっていたのです。

「Ｍｉｄｏｒｉ《ミドリ》」の名前は、クラシックファンなら知らない人はいないというほど知れわたりました。以来五嶋《ごとう》さんは、トップバイオリニストとして、世界の第一線で活躍《かつやく》し続けています。

＊＊＊

五嶋《ごとう》さんが出勤《しゅっきん》してきた仕事場は、南カリフォルニア大学のソーントン音楽学校。音楽教育の名門校です。五嶋《ごとう》さんがこの学校の主任教授《しゅにんきょうじゅ》として招《まね》かれたのは、32歳《さい》のときですが、これは異例《いれい》の若《わか》さでの抜擢《ばってき》でした。

学校内の自分の部屋に入ると、五嶋《ごとう》さんがけっして欠かさない、毎日の日課である大切な作業がはじまります。

■ バイオリンってどんな楽器？

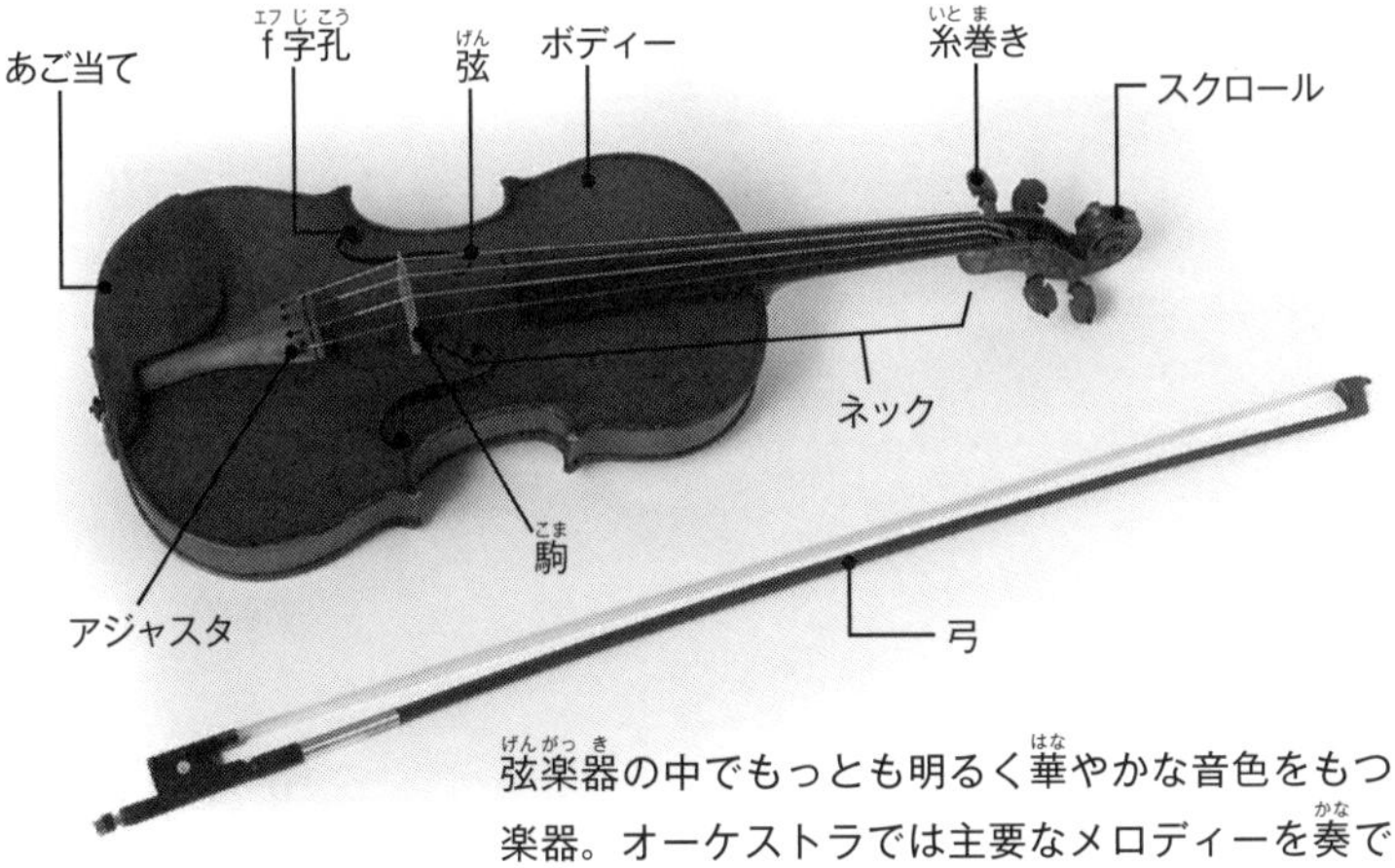

弦楽器《げんがっき》の中でもっとも明るく華《はな》やかな音色をもつ楽器。オーケストラでは主要なメロディーを奏《かな》でることが多く、中心的な役割《やくわり》を担《にな》う。

バイオリンをケースからとりだしてはじめたのは、音階練習です。

ゆっくりと弓をひいて、一つひとつの音を長くのばし、音階をなんども往復《おうふく》します。初心者でもおこなう基礎的《きそてき》な練習ですが、これをなまけるとすぐに演奏《えんそう》の腕《うで》が落ちるのだと五嶋《ごとう》さんは言います。この練習で筋肉《きんにく》をほぐしながら、指先から肩《かた》まで、自分の体のようすをしっかりと確認《かくにん》していきます。

そして、重要なのが耳。音階を弾《ひ》きながら音を細かくふるわせたり、大きくゆらしたり、高くしたり、低くしたりと、少しずつ変化させることで、聴覚《ちょうかく》を刺激《しげき》

朝９時のレッスンの前に、ゆっくり１時間かけて音合わせをする。

します。ほんのわずかな音色のちがいも聴《き》き分けられるように、感覚をとぎすますのです。

目を閉《と》じ、肩《かた》とほおとのあいだにはさみこんだバイオリンに、全身をかたむけるようにして音を探《さぐ》っている五嶋《ごとう》さんのようすは、精密《せいみつ》機械の調整作業をしているかのようです。毎日1時間ほどかけてじっくりおこなうこの基礎《きそ》練習で、演奏《えんそう》に必要な感覚の状態《じょうたい》を確認《かくにん》し、きたえているのです。

学生のレッスンを見る時間になりました。五嶋《ごとう》さんの部屋に入ってきたのは、ケネスさんという男子学生です。

レッスンを受けるのは、きびしい入学試

験をとおった学生たち。五嶋《ごとう》さんは、彼《かれ》らに演奏家《えんそうか》として必要なことを教えこんでいきます。

課題になっている曲を弾《ひ》いていたケネスさんに、五嶋《ごとう》さんがたずねました。

「この部分の内面的にあるものは何かわかる？　その魂《たましい》を探《さぐ》るのよ。つねにその気持ちをもってね」

五嶋《ごとう》さんが重視《じゅうし》するのは、ミスをしない演奏法《えんそうほう》やテクニックではありません。演《えん》奏者《そうしゃ》が曲をどう感じ、どう語るか。つまり、自分なりに曲を解釈《かいしゃく》し、それにふさわしい表現《ひょうげん》をするということです。五嶋《ごとう》さんは続けました。

「音楽をストーリーだと思って。そして、そのストーリーの語り方には、もっと変化があっていいのよ。こたえを必要としない問いかけでもいいし、ささやきでも、すすり泣きでもいい。ストーリーの語り口にもう少し変化をもたせましょう」

ケネスさんは、もう一度弾《ひ》きはじめました。さっきの演奏《えんそう》より、ゆったりとやわらかな表現《ひょうげん》です。五嶋《ごとう》さんは、その演奏《えんそう》の波にあわせて体をゆらしながら聴《き》いています。

自分と向き合う

五嶋《ごとう》さんは、バイオリニストとして、「自分と向き合う」ということを、とても大切に考えています。

音楽に対して、演奏家《えんそうか》がどのように反応《はんのう》し、表現《ひょうげん》するか。それは、ほかの人から指示《しじ》されたり教えられたりするものではありません。自分の中に何があるのかをよく知り、そこからとりだすもの。

そのためには、自分ととことん向き合わなくてはなりません。そうすることで、はじめて、その人だけの本物の演奏《えんそう》、「自分の音」が生まれてきます。

自分の音を探《さが》すのに近道はない、と言う五嶋《ごとう》さん。

学校の仕事を終えた深夜の12時すぎ、五嶋《ごとう》さんはバイオリンを手にとりました。弾《ひ》きはじめたのは、3週間後に日本公演《こうえん》で演奏《えんそう》することになっている、メンデルスゾーンの『バイオリン協奏曲《きょうそうきょく》ホ短調作品64』。

これまでに数えきれないほど演奏《えんそう》してきた曲です。でも五嶋《ごとう》さんは、まるではじめて弾《ひ》く曲であるかのように、なんどもなんども同じフレーズを弾《ひ》き直します。目を閉《と》じて、軽く眉根《まゆね》を寄《よ》せ、手探《てさぐ》りするように、そのフレーズに微妙《びみょう》な変化を加えてためします。

いまの「自分の音」を探《さが》しているのです。

すでに高い評価《ひょうか》を得ているにもかかわらず、自分を追いつめるように修正《しゅうせい》をくり返すのはいったいなぜなのでしょう。

「小説でも、読むときが変わると、感じ方が変わるということがあると思いますが、音楽も同じです。曲の感じ方、解釈《かいしゃく》は変わっていきます。そうすると、いろいろなことが見えてきます。聴《き》こえ方もちがってくる。当然、だす音も変わります。生きているから変わるのです。演奏《えんそう》をするということは、まさに生きているということ。生きているので、同じ曲もそのときどきで演奏《えんそう》が変わっていくのです」

つねに、自分の中にある新しい何かの存在《そんざい》を探《さぐ》り続けること。それが、五嶋《ごとう》さんにとっての演奏《えんそう》であり、生きるということなのです。

五嶋《ごとう》さんが、公演《こうえん》のために来日しました。

この公演《こうえん》で共演《きょうえん》するのは、ヨーロッパでも有数の伝統《でんとう》を誇《ほこ》る、ライプツィヒ・ゲヴァントハウス管弦楽団《かんげんがくだん》。指揮者《しきしゃ》は、現代《げんだい》最高の指揮者《しきしゃ》のひとりといわれる、リッカルド・シャイーさん。ていねいに音をコントロールする完璧主義者《かんぺきしゅぎしゃ》です。

五嶋《ごとう》さんがバイオリンを手に、シャイーさんとの打ち合わせに向かいました。今回の演目《えんもく》であるバイオリン協奏曲《きょうそうきょく》は、五嶋《ごとう》さんがひとりで弾《ひ》く曲ではなくオーケストラといっしょに演奏《えんそう》する曲なので、指揮者《しきしゃ》であるシャイーさんが、曲全体をどのようにまとめようと考えているか知っておく必要があるのです。にこやかにあいさつをかわしながら、手際《てぎわ》よくバイオリンの音の調子をととのえると、五嶋《ごとう》さんはすぐに、公演《こうえん》で演奏《えんそう》する協奏曲《きょうそうきょく》の冒頭《ぼうとう》部分を弾《ひ》きはじめました。

音楽の解釈《かいしゃく》は、人によってさまざまです。プロの指揮者《しきしゃ》でも、一人ひとりちがう好みや考え方をもっています。五嶋《ごとう》さんは、短いリハーサル内で、指揮者《しきしゃ》それぞれの解釈《かいしゃく》を理解《りかい》し、めざす音楽を探《さぐ》っていくのです。

シャイーさんは、五嶋《ごとう》さんの演奏《えんそう》を聴《き》いてときどきストップをかけ、楽譜《がくふ》を指さしながら、いろいろなリクエストをだします。

「ここはもう少し強弱をつけて欲《ほ》しい」

「ここは、もっとどんどん強くしていって。オーケストラにうもれてしまわないようにね」

五嶋《ごとう》さんはまたたくまにシャイーさんの要望を理解《りかい》し、演奏《えんそう》を変えていきます。

「OK、すばらしい」

シャイーさんが顔をほころばせます。そして、

「しばらく、自由に弾《ひ》いてみてくれないかな」

と、五嶋《ごとう》さんに言いました。五嶋《ごとう》さんは、ゆったりとしたパートを、おおらかに美しく弾《ひ》きはじめます。

「いいね、そう。急がないで、ゆっくりとね」

満足そうにそのパートに聞き入るシャイーさん。演奏《えんそう》がひと区切りすると、

「すばらしい。ミドリはテンポが統一《とういつ》されているから好きだ。テンポがころころ変わるということがない」

そう言って、笑顔を見せました。五嶋《ごとう》さんも、

「ええ、だいじょうぶ。最後までテンポは保《たも》ちます」

と笑顔で返し、この日の打ち合わせは終わりました。


本番の日。

五嶋《ごとう》さんは丹念《たんねん》な最終リハーサルをおこないました。リハーサルは問題なく終了《しゅうりょう》。

ところが五嶋《ごとう》さんは、リハーサルが終わっても、バイオリンを弾《ひ》くのをやめようとしません。オーケストラがひき上げて、会場のスタッフがステージの整備《せいび》をはじめても、会場にのこって弾《ひ》き続けています。見かねたスタッフが、

「もう時間ですよ」

と声をかけると、軽くうなずきますが、ステージをゆっくり歩きながら、やはりずっと弾《ひ》いています。ときどき立ち止まり、自分の音に耳をかたむけ、要所を確認《かくにん》するような表情《ひょうじょう》です。そして、バイオリンを弾《ひ》きながら、ゆっくりゆっくりひかえ室のほうへと歩いて行きました。

本番3分前。

ひかえ室からでてきた五嶋《ごとう》さんは、やはりバイオリンを弾《ひ》いていました。舞台《ぶたい》のそでまで弾《ひ》き続け、指揮者《しきしゃ》のシャイーさんに、

「行きましょう」

とうながされるまで、弓を動かすことをやめませんでした。

五嶋《ごとう》さんは、本番ぎりぎりまでこうしてひたむきに音と向き合います。そうやってめざすのは、たったひとつのこと。

素直《すなお》に、ただ素直《すなお》に

五嶋《ごとう》さんは、素直《すなお》に演奏《えんそう》したい、と話します。

「音というのは、とても素直《すなお》に、演奏《えんそう》する人の

リハーサルが終わっても、本番ぎりぎりまで音と向き合う五嶋《ごとう》さん。

経験《けいけん》、心境《しんきょう》などを反映《はんえい》します。わたしの弾《ひ》く音は、わたし自身です。人間なのでいろいろな欲《よく》などもありますが、それを見つめて、できれば手ばなして。そして、ただ素直《すなお》に弾《ひ》きたい。そのための努力をしたいと思います」

自分を見つめて素直《すなお》に音と向き合う。澄《す》みきった心で、五嶋《ごとう》さんはステージに上がります。

本番のステージにはすでにオーケストラが着席しています。そこに、花の刺繍《ししゅう》の入ったクリーム色のロングドレスの五嶋《ごとう》さんが、シャイーさんといっしょにでてきます。ステージ中央でにこやかに一礼すると、会場から拍手《はくしゅ》がおこり、その後、しんと静まりました。

会場中の視線《しせん》が、五嶋《ごとう》さんに集まります。

シャイーさんの指揮《しき》に呼吸《こきゅう》をあわせて、五嶋《ごとう》さんは格調《かくちょう》高く最初の一音を弾《ひ》きだし、もの悲しい旋律《せんりつ》を奏《かな》ではじめました。

曲調の波にゆられるようにのび上がり、かがみこみ、全身をつかって演奏《えんそう》する五《ご》

2000 人のお客さんから拍手《はくしゅ》を受ける五嶋《ごとう》さん。

嶋《とう》さん。ほっそりした体からでてくるとは思えないほどはげしい音。泣いているような切ない音。やわらかくやさしい音。そのすべての音が、五嶋《ごとう》さん自身です。

五嶋《ごとう》さんは、向き合い続け、さぐってきた自分の中にある音を、バイオリンをとおして解放《かいほう》しているのです。満員の会場のすみずみにまで、五嶋《ごとう》さんの音がひびき、しみわたります。

五嶋《ごとう》さんが、協奏曲《きょうそうきょく》の最後の音を弾《ひ》き終え弓を弦《げん》からさっと上げると、大きな拍手《はくしゅ》がわきおこりました。次第に歓声《かんせい》もまじり、その拍手《はくしゅ》は5分以上鳴りやみませんでした。

✷絶望《ぜつぼう》と希望が育んだ音

天才少女から、世界を代表する演奏家《えんそうか》へ。五嶋《ごとう》さんの経歴《けいれき》は、ひとつのくもりもない輝《かがや》かしいもののように見えますが、そんな五嶋《ごとう》さんにも、とてもつらい時期がありました。

あざやかに音楽界にデビューしてから10年ほどたった22歳《さい》の頃《ころ》、突然《とつぜん》、心と体の調子をくずしてしまったのです。ずっと二人三脚《ににんさんきゃく》でささえてくれたお母さんに対して、急に反抗的《はんこうてき》になったり、何も言わずにだまり続けていたり、食事をいっさいとらなくなったり。

くだされた診断《しんだん》は、うつ病と拒食症《きょしょくしょう》でした。11歳《さい》の頃《ころ》から練習と演奏会《えんそうかい》に追われ、すべての時間をバイオリンのためにつかう毎日に、まだ若《わか》い五嶋《ごとう》さんは余裕《よゆう》をなくし、すっかりすりへってしまっていたのです。その当時のことを、五嶋《ごとう》さんはこんなふうに語っています。

「悩《なや》むとかじゃなくて、もう、わけがわからない。ただ、悲しみがいつも、ずっと回転しているんです」

自分自身にも、家族にも、どうすることもできず、五嶋《ごとう》さんは緊急《きんきゅう》入院することになりました。バイオリンはいっさい禁止《きんし》。そして、その入院は3か月の長期におよびました。

じょじょに回復《かいふく》した五嶋《ごとう》さんは、やがて再《ふたた》び演奏《えんそう》できるようになっていきました。しかし、その過程《かてい》で、五嶋《ごとう》さんは自分のこれまでのことをふりかえり、ある決断《けつだん》をします。それは、音楽以外の自分の世界を広げるということでした。

五嶋《ごとう》さんは、23歳《さい》でニューヨーク大学に入学しました。ニューヨーク大学は音楽の専門《せんもん》大学ではなく、一般《いっぱん》の大学です。専攻《せんこう》したのは心理学。はじめてふれる学問。そして、クラシック音楽を聴《き》いたこともない友人たちとの交流。五嶋《ごとう》さんには、何もかもが新鮮《しんせん》でした。

五嶋《ごとう》さんは、大学にかようことを楽しみました。カフェでコーヒーを飲みながらぶ厚《あつ》い専門書《せんもんしょ》を広げ、友だちとおしゃべりをし、学生という気分を満喫《まんきつ》します。そんな大学生活を通じて、知りたいことがどんどん広がっていきました。いろいろな夢《ゆめ》がふくらんでいきました。

そして、それにともなうように、自分の弾《ひ》くバイオリンの音色が次第に豊《ゆた》かになっていくことを、五嶋《ごとう》さんは感じていました。

楽しみも苦しみも、すべて音になる

五嶋《ごとう》さんはこの経験《けいけん》をへて、演奏《えんそう》活動と並行《へいこう》して、教育や社会貢献《こうけん》活動に熱心に取り組むようになりました。子どもたちがさまざまな楽器の指導《しどう》を受けられるプログラムをつくったり、地域《ちいき》住民のためのコミュニティー・コンサートを開いたり。こうした活動はいまも続いており、五嶋《ごとう》さん自身も積極的にボランティアでの指導《しどう》や演奏《えんそう》に出向きます。

アメリカ西部のある田舎町《いなかまち》では、地元の室内管弦楽団《かんげんがくだん》と共演《きょうえん》しました。メンバーはほとんどが地元の高校生です。五嶋《ごとう》さんは、公演《こうえん》前の練習で彼《かれ》らにわかりやすくアドバイスをします。

楽しみも苦しみも、すべて音になる

五嶋《ごとう》みどり

「いまのフレーズ、ターターターターという感じだったけれど、パンパンパンパンと歯切れよくできるかしら。もっと元気よくしましょう」

五嶋《ごとう》さんから直接指導《ちょくせつしどう》を受ける高校生たちは、緊張《きんちょう》しながらも目をきらきらさせています。

練習や演奏会《えんそうかい》に追われる五嶋《ごとう》さんのいそがしさは、病気になる前といまとで、変わりはありません。それでも五嶋《ごとう》さんは、あえてこのような社会活動をおこなうことで、それを刺激《しげき》として「自分の音楽」を生みだしています。

練習のあとに、学生たちから五嶋《ごとう》さんにいろいろな質問《しつもん》がでました。五嶋《ごとう》さんは一つひとつにていねいにこたえます。そして、音楽に対する自分の考えについて、こんなふうに語りました。

「わたしは、何を学んでも、どんな分野の教育を受けても、すべては自分のものになると考えています。素直《すなお》な心でいればたくさんのことが学べます。バイオリンを弾《ひ》くということは、音符《おんぷ》を勉強してリズムどおりに弾《ひ》けばいいということではありません。バイオリニストの仕事は、プロの音楽家の仕事は、ただ楽器を演奏《えんそう》することではないのです。曲を演奏《えんそう》する以上のものが求められるのです」

曲を演奏《えんそう》する以上の何か。

五嶋《ごとう》さんは、それを模索《もさく》し続けています。

✴音楽とは何か

公演《こうえん》で来日した五嶋《ごとう》さんは、特別な思いを胸《むね》に、ある打ち合わせにのぞんでいました。なんとしても成功させたい公演《こうえん》があったのです。

それは、障《しょう》がいのある子どもたちとの共演《きょうえん》です。五嶋《ごとう》さんは以前から、日本の養《よう》護《ご》学校などで楽器演奏《えんそう》の指導《しどう》をする活動をおこなってきていました。今回は、五嶋《ごとう》さんが出演《しゅつえん》するコンサートのプレコンサートで、3つの学校の知的障《しょう》がいや身体障《しょう》がいがある中学生や高校生たちといっしょに、45分前後演奏《えんそう》をするという企画《きかく》です。

五嶋《ごとう》さんが一般《いっぱん》の人といっしょに演奏《えんそう》する試みは、はじめてのものではありませんでしたが、これが日本を代表するクラシック専門《せんもん》のコンサートホールでおこなわれるということから、音楽界に波紋《はもん》が広がっていました。五嶋《ごとう》さん自身も、これが前代未聞の試みであることは自覚しています。

この企画《きかく》について、ある音楽評論家《ひょうろんか》は五嶋《ごとう》さんにこんな質問《しつもん》をしました。

「クラシック音楽のファンの中には、演奏《えんそう》のクオリティーを絶対視《ぜったいし》している人も多いと思いますが、五嶋《ごとう》さん自身は、今回の企画《きかく》の意義《いぎ》をどのようにお考えなのでしょうか」

五嶋《ごとう》さんは、真っすぐに相手の目を見つめてこたえます。

「『音楽ってどういうものだろう』ということを考える機会になるのではないかと思うのです。人それぞれちがうこたえがあるだろうと思いますが、何かのきっかけで、それまでとちがうこたえがでてくることもあるかもしれない。これは、いろいろな音楽に対するアイデアの提示《ていじ》です。『本当の音楽とは何か』ということへの、いろいろなこたえがでてくる機会につながったらいいな、と思っています」

五嶋《ごとう》さんは、この企画《きかく》をとおして「音楽とは何か」という問いに、あらためて真正面から向き合おうとしていたのです。

準備《じゅんび》期間は半年間。五嶋《ごとう》さんと生徒たちの挑戦《ちょうせん》がはじまりました。

打ち合わせから3か月後。生徒たちとの練習のために五嶋《ごとう》さんが来日しました。共演《きょうえん》する学校のひとつ、横浜国立大学《よこはまこくりつだいがく》教育学部附属特別支援学校《ふぞくとくべつしえんがっこう》を訪《おとず》れると、拍手《はくしゅ》でむかえられました。五嶋《ごとう》さんは笑顔で自己紹介《じこしょうかい》をします。

「わたしは、五嶋《ごとう》みどりです。バイオリンを演奏《えんそう》しています。こちらの学校には、以前にも何回かきたことがあります。みなさんが10月のコンサートに向けて練習するビデオなども、見せてもらいました。今日はとても楽しみにしています」

さっそく、練習がはじまりました。曲は、チャイコフスキーの『くるみ割《わ》り人形』。それぞれ担当《たんとう》の楽器を練習する生徒たちを、五嶋《ごとう》さんがひとりずつ見て回ります。ピアノを弾《ひ》く女子生徒のとなりに寄《よ》りそって楽譜《がくふ》を指さし、

「ここは、もう少し速くかな。タッタッタ」

と、リズムを口ずさみ、手で拍子《ひょうし》をとりました。生徒は、五嶋《ごとう》さんのとるリズムにあわせて弾《ひ》き直します。

ピアノの女子生徒の音を聴《き》く五嶋《ごとう》さん。

「そうそう、いまの感じ」

次は、バイオリンの生徒です。

「いま、どこを弾《ひ》いているの？」

譜面《ふめん》を確認《かくにん》して演奏《えんそう》を聴《き》きます。いろいろな楽器の音が入りまじる中で、生徒たちの演奏《えんそう》はまだおぼつかない状態《じょうたい》ですが、それぞれ集中して一生懸命《いっしょうけんめい》に取り組んでいました。五嶋《ごとう》さんは、やさしく見守り、声をかけます。

「もう1回、やってみよう」

その1週間後、五嶋《ごとう》さんは、次の学校を訪《たず》ねました。筑波《つくば》大学《だいがく》附属《ふぞく》桐《きり》が丘《おか》特別《とくべつ》支援《しえん》学校《がっこう》。手足などが不自由な生徒たちの学校です。

この学校の生徒たちは、学校の先生が作曲したオリジナル曲に取り組んでいました。手足の機能《きのう》が十分でないためにあつかえる楽器が少なく、一般《いっぱん》向けにつくられた曲の演奏《えんそう》をすることはむずかしいからです。

ただ、オリジナル曲なのでお手本もなく、完成形が見えません。生徒たちは苦戦していました。

五嶋《ごとう》さんに曲の雰囲気《ふんいき》をつかんでもらうために、生徒たちがひととおり演奏《えんそう》をしてみることになりました。しかし、それぞれの楽器のリズムも音もばらばらでまとまらず、7分ある曲のうちのわずか30秒ほどで演奏《えんそう》が止まってしまいます。なんどやってみても同じところで止まってしまい、演奏《えんそう》は続きませんでした。指導《しどう》している先生も途方《とほう》に暮《く》れています。

でも、五嶋《ごとう》さんはだまって生徒たちの演奏《えんそう》に耳をかたむけていました。五嶋《ごとう》さんには、その切れ切れの心細い演奏《えんそう》の中に、聞こえている音がありました。

（とても素直《すなお》な音がしている。とても素直《すなお》で純粋《じゅんすい》な音。この子たちの演奏《えんそう》は、ここ

五嶋《ごとう》さんのやさしい音が、生徒たちの音を導《みちび》いていく。

からどこへ行けるのかしら。どんな音楽に向かっていくのだろう）

五嶋《ごとう》さんが、バイオリンを手に立ち上がりました。

「五嶋《ごとう》さんがいっしょに入ってくれます。皆《みな》さん、もう一度はじめから」

五嶋《ごとう》さんが加わって、演奏《えんそう》がはじまりました。

五嶋《ごとう》さんは、自分の音で生徒たちを導《みちび》いていきます。生徒たちは、一生懸命《いっしょうけんめい》そのリードについていきます。

すると、いくつかの楽器の音がしっかりと定まりはじめ、少しずつ曲の姿《すがた》が見えてきました。五嶋《ごとう》さんのささえで、生徒たちの音がひきだされはじめたのです。そして気がつけば、演奏《えんそう》はさっきまで止まってしまっていた30秒を超《こ》えて、長く続いていました。

「はい、ＯＫです！」

先生がおどろいたような、でもうれしそうな声を上げました。そして、ホワイトボードに何小節かの楽譜《がくふ》をはりだします。

「それでは新しいこともやってみましょう。曲の続きの楽譜《がくふ》です」

この曲の最終パートの楽譜《がくふ》。この部分に全員で挑戦《ちょうせん》することになりました。

先生の声にあわせて、手拍子《てびょうし》や打楽器でリズムをとり、譜面《ふめん》をおぼえていきます。

練習をしている体育館にひびく、たくさんの音。新しい挑戦《ちょうせん》に、生徒たちの表情《ひょうじょう》が変わってきました。

笑顔です。自然に元気な声もでてきます。

指が自由に動かない手でたたく太鼓《たいこ》、車いすのままで弾《ひ》く木琴《もっきん》……。

音はかんたんにはだせません。でも、その音には喜びがあふれていました。

そこに、音楽が生まれていたのです。

いまこそ、奏《かな》でたい音

生徒たちのひたむきに努力する姿《すがた》を見て、五嶋《ごとう》さんは、あらためてその音の中に、一人ひとりの思いがあらわれていることを感じていました。その音にこもる一生懸命《いっしょうけんめい》で純粋《じゅんすい》なエネルギーにふれて、五嶋《ごとう》さんはいろいろなことを考えます。そして、それが五嶋《ごとう》さんの音にも反映《はんえい》されていくのです。

練習の最後、生徒たちが五嶋《ごとう》さんに感想を言う時間が設《もう》けられました。積極的に手があがります。

「今日はいっしょに演奏《えんそう》ができて楽しかったです。ありがとうございました」

と、キーボードの少年。

「今日はいっしょに演奏《えんそう》ができたので、気合いが入っちゃって、手にまめができそうです。もっと練習して、本番ではもうちょっとがんばりたいと思いますので、どうかよろしくお願いします」

と言うのは、太鼓《たいこ》の少女。

「今日は、めったにかかない汗《あせ》をたくさんかきました。今日の練習はとてもよい勉強になりました。ありがとうございました」

と顔を上気させて話すのは、木琴《もっきん》の少女。

どの生徒も、楽しそうな生き生きと美しい表情《ひょうじょう》です。五嶋《ごとう》さんは、一人ひとりの感想をほほ笑みながら聞いています。

「音楽とは何か」

あの問いへのこたえに、少しずつ近づいているのかもしれません。

五嶋《ごとう》さんは、３校目の共演校《きょうえんこう》、麻生養護学校《あさおようごがっこう》にも行きました。

ほおの下にバイオリンをはさんではなそうとしない生徒に声をかけます。

「バイオリンは好きですか？」

生徒ははっきりことばではこたえませんが、バイオリンをギュッギュッギュッと鳴らしました。つきそっていた指導《しどう》の先生が、

「好きなんです。弾《ひ》いているときはずっと笑顔です」

と説明します。五嶋《ごとう》さんは、生徒の目をのぞきこむようにして、

「じゃあ、自分の好きな音がでるように、練習してくださいね。がんばってくださいね。続けてね」

と語りかけました。

それは、どこか祈《いの》りのようにも聞こえることばでした。


演奏会《えんそうかい》の本番の日がやってきました。

舞台袖《ぶたいそで》に集まった生徒たちに、五嶋《ごとう》さんが
「行きましょう」

と声をかけ、舞台《ぶたい》へと導《みちび》いていきます。長年の伝統《でんとう》を誇《ほこ》るコンサートホールのステージに生徒たちが並《なら》びました。客席には駐日《ちゅうにち》アメリカ大使夫妻《ふさい》の姿《すがた》も見え、温かい拍手《はくしゅ》が送られます。

五嶋《ごとう》さんと生徒たちの演奏《えんそう》がはじまりました。

どの生徒も無心に自分の楽器を演奏《えんそう》しています。その演奏《えんそう》は、夏の練習のときに

くらべると見ちがえるようです。きっとたくさん練習をして、今日のために努力をしたのでしょう。

五嶋《ごとう》さんは、おだやかな表情《ひょうじょう》でその音の中に身をおき、耳を澄《す》ませるようにバイオリンを弾《ひ》いていました。

五嶋《ごとう》さんは、いままさに音楽と向き合っています。

そして、これからも向き合い続けます。音楽とは何かを知るために。そして、自分の音をきわめるために。

そのひたむきな歩みに、終わりはありません。

楽しみも苦しみも、すべて音になる

五嶋《ごとう》みどり

プロフェッショナルとは

感情《かんじょう》にふり回されず、
仕事といわれるもの、
あたえられた仕事、自分で選んだ仕事、
そしていただいた仕事に向かって、
情熱《じょうねつ》を注ぐことだと思います。

第243回2014年11月3日放送

こんなところがプロフェッショナル！

世界中から演奏《えんそう》依頼《いらい》が絶《た》えない五嶋《ごとう》みどりさん。
こんなところがすごいよ！

ひたすら音に向き合う

演奏会《えんそうかい》の最終リハーサルが終了《しゅうりょう》してもバイオリンを弾《ひ》き続ける五嶋《ごとう》さん。着がえをして演奏《えんそう》前にひかえ室からでてきても、ずっと弾《ひ》き続けていることもあります。たとえ本番3分前でも、ぎりぎりまで自分の音を確《たし》かめるのです。

バイオリンはグァルネリ・デル・ジェス

五嶋《ごとう》さんが愛用しているバイオリンは、およそ300年前につくられたグァルネリ・デル・ジェスという名器。毎日欠かさず弾《ひ》き続けるため、ネックの部分には革《かわ》のパッチがはられています。

楽器と楽譜《がくふ》は自分でもって移動《いどう》する

世界を飛び回る五嶋《ごとう》さん。飛行機に乗るときに、スーツケースは預《あず》けますが、楽器と楽譜《がくふ》の入ったかばんだけは必ず機内にもちこむそうです。万が一、預《あず》けた荷物が紛失《ふんしつ》しても演奏《えんそう》できるよう、つね日《ひ》頃《ごろ》から備《そな》えているのです。

愛用の弓はおよそ200年前のもの

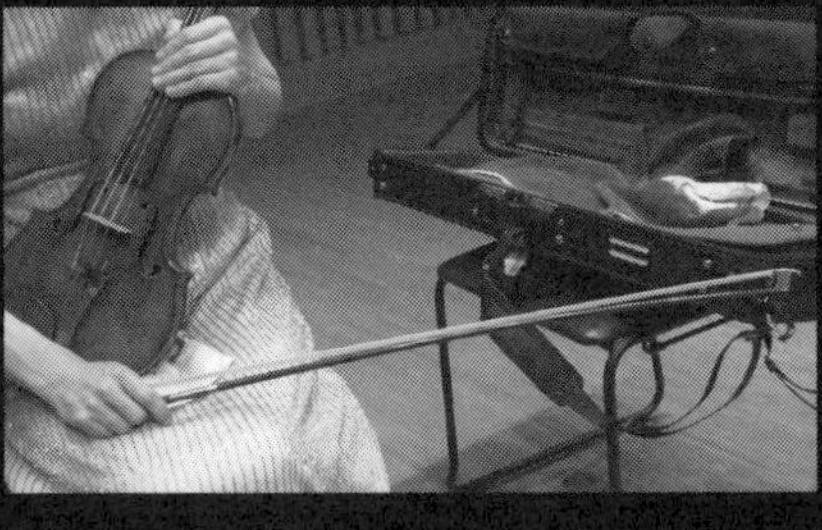

五嶋《ごとう》さんが愛用している弓は、およそ200年前にフランス人のドミニク・ペカットによってつくられた貴重《きちょう》なもの。五嶋《ごとう》さんのこだわりは、ひとつの弓ばかりつかい続けず、ふたつの弓を交互《こうご》につかって、必ず弓を休ませること。こうすることで、弓のもつバネが保《たも》たれるそうです。

プロフェッショナルの格《かく》言《げん》

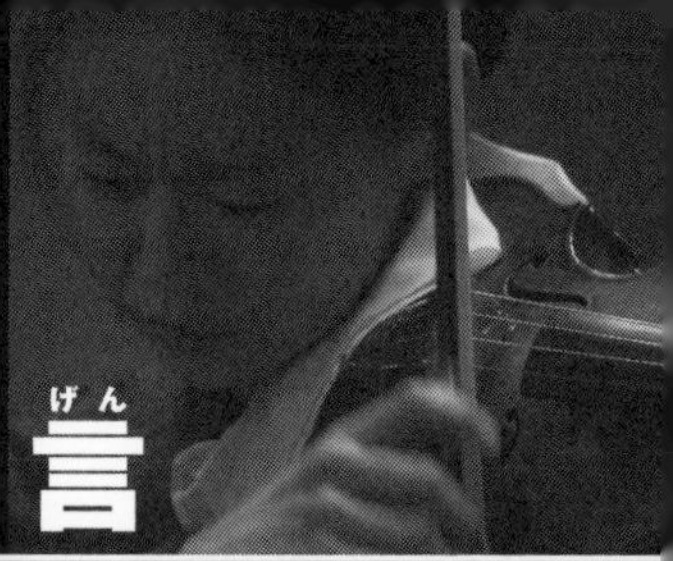

偉大《いだい》なバイオリニスト、五嶋《ごとう》みどりさんのことばを心にきざもう。

必要なのはテクニックではない

大学で五嶋《ごとう》さんが学生に教えるのは、ミスをしないためのテクニックではありません。みずからがその曲をどう感じ、どう語るか。伝えたいのは、自分ととことん向き合って、自分の音を探《さが》しだし、演奏《えんそう》することです。

素直《すなお》に、ただ素直《すなお》に

音は、弾《ひ》いている人の心境《しんきょう》や経験《けいけん》をとても素直《すなお》に反映《はんえい》します。音そのものが自分自身。素直《すなお》に演奏《えんそう》し、素直《すなお》に努力する。人は欲《よく》が多いけれど、それを自分で見つめて、できればそれを手ばなして演奏《えんそう》したい、と語ります。

素直《すなお》な心でたくさんのことを学ぶ

「何を学んでも、どんな分野の教育を受けても、すべては自分のものになります。素《す》直《なお》な心でいれば、たくさんのことが学べると思います」つねに素直《すなお》な心で音楽に向き合っている五嶋《ごとう》さんです。

果てなき芸道、真《まこと》の花を

狂言師《きょうげんし》
野村萬斎《のむらまんさい》

６００年におよぶ伝統《でんとう》を誇《ほこ》る古典芸能《げいのう》、狂言《きょうげん》。
古い形式を受け継《つ》ぎながら、人間の喜怒哀楽《きどあいらく》を笑いの中に表現《ひょうげん》し、
21世紀のわたしたちも楽しませてくれる喜劇《きげき》である。
この狂言《きょうげん》の世界に、年間３００という舞台《ぶたい》をつとめる人気狂言師《きょうげんし》がいる。
華《はな》のある演技《えんぎ》で観客をひきつけるが、その基本《きほん》は地道に身につけた「型」。
狂言《きょうげん》の家に生まれ、「型」をたたきこまれて狂言師《きょうげんし》となったが、
つねにいだく疑問《ぎもん》がある。
「なぜ、狂言《きょうげん》をやらなければならないのか？」
宿命に悩《なや》み、苦しみながら、定められた道を歩む。
真価《しんか》を問われる50代を前に、むずかしい演目《えんもく》に挑《いど》むことを決断《けつだん》する狂言師《きょうげんし》。
宿命の舞台《ぶたい》に自分の世界をつくり上げ、
「狂言《きょうげん》をやらなければならない理由」を、そこに見いだすことができるだろうか。

✳本気の狂言師《きょうげんし》

夜の稽古場《けいこば》に、はりのある声がひびいています。

ややうす暗い稽古場《けいこば》に、ひとり着物で正座《せいざ》をしているのは、姿勢《しせい》の美しい男性《だんせい》。上から吊《つ》られたように真っすぐのびた背《せ》すじがきわだっています。

狂言師《きょうげんし》、野村萬斎《のむらまんさい》さん。すらりとした体形に、どことなく謎《なぞ》めいた表情《ひょうじょう》、そして、よくとおる声とダイナミックな演技《えんぎ》が人をひきつける花形狂言師《きょうげんし》です。

多忙《たぼう》な毎日をすごす萬斎《まんさい》さんの稽古《けいこ》は、日中の仕事を終えて落ち着いたあと、夜の9時すぎです。この時間は、お弟子《でし》さんでさえも立ち入ることができない特別な時間。ひとりで稽古場《けいこば》にこもります。

目を閉《と》じて台詞《せりふ》を暗唱していた萬斎《まんさい》さんが、ふと目をあけて、

「ちがうな……」

と首をふりました。そしてまた同じ台詞《せりふ》を試みます。

こうして、なんどもなんども納得《なっとく》いくまで台詞《せりふ》を言い直し、体にしみこませてい

稽古場《けいこば》で納得《なっとく》のいくまで台詞《せりふ》を言う萬斎《まんさい》さん。

くのです。手元におかれた台詞《せりふ》を書いた原稿《げんこう》用紙には、細かい赤字の書きこみがびっしりと入っていました。

台詞《せりふ》の表現《ひょうげん》に徹底的《てっていてき》にこだわる萬斎《まんさい》さん。どんな思いがあるのでしょうか。

「たとえば発音ですね。口をあまり開かないでもぐもぐ言うと、いかにも古典らしく、じょうずそうに聞こえます。でも、何を言っているのかよくわからない。それを、しっかり口をあけて、息の音をうまくつかってはっきり発音する。そうすると、古いことばではあっても案外ちゃんと伝わるんですよ」

古典芸能《げいのう》でありながら、1年に300回近くおこなう公演《こうえん》がつねに満席という萬斎《まんさい》さんの人気の秘密《ひみつ》は、こうしたくふうの積み重ねにあるのかもしれません。

笑いの芸能《げいのう》

狂言《きょうげん》は、日本の伝統的《でんとうてき》な演劇《えんげき》です。いまからおよそ600年前の室町《むろまち》時代に、いまのような形が完成したといわれ、現在《げんざい》は260ほどの演目《えんもく》が伝わっています。

昔の演劇《えんげき》というとむずかしいもののようですが、狂言《きょうげん》は、どこにでもいるあたりまえの人々《ひとびと》を主人公に、暮《く》らしの中でおきるできごとをおもしろおかしく表現《ひょうげん》した、親しみやすい笑いの芸術《げいじゅつ》です。

登場人物はたいてい少人数です。たとえば、少しえらい主人とその主人につかえる召《め》しつかい太郎冠者《たろうかじゃ》。なまけたりずるをしようとしたりする太郎冠者《たろうかじゃ》と、まじめに働かせたい主人とのかけひきのおもしろさは、狂言《きょうげん》の笑いの定番です。

狂言《きょうげん》は、縦横《たてよこ》6メートルほどの正方形の舞台《ぶたい》でおこなわれます。舞台《ぶたい》の上には、基本的《きほん》には何もおかれません。演者《えんじゃ》である狂言師《きょうげんし》は、装束《しょうぞく》という和服の衣装《いしょう》を身につけますが、お化粧《けしょう》をしたり、かつらをつけたりはしません。小道具類もほとんどつかわず、扇《おうぎ》をいろいろなものに見立ててつかいます。

狂言《きょうげん》という演劇《えんげき》の形式はとてもシンプル。だから、身ひとつの演技《えんぎ》でどれだけ観客の想像力《そうぞうりょく》をかき立てられるかが、狂言師《きょうげんし》の腕《うで》の見せどころになるのです。

野村《のむら》家は、代々《だいだい》、狂言師《きょうげんし》の家です。狂言《きょうげん》には、室町《むろまち》時代から続く、大蔵《おおくら》流と和泉《いずみ》流というふたつの流派《りゅうは》がありますが、野村《のむら》家は和泉《いずみ》流に属《ぞく》する一門。萬斎《まんさい》さんの名前は、ひいおじいさんが隠居《いんきょ》してから名乗った名前を継《つ》いだものです。

引《ひ》き継《つ》がれるのは、名前だけではありません。野村《のむら》家では、顔も知らない大昔

写真：国立能楽堂

狂言《きょうげん》の舞台《ぶたい》。正面には松の木がえがかれ、ななめ後方には廊下《ろうか》がある。

の先祖《せんぞ》から、254演目《えんもく》の狂言《きょうげん》を伝えてきました。萬斎《まんさい》さんはそれらを受《う》け継《つ》いで、さらに次の世代へと引《ひ》き継《つ》ぐため、日々《ひび》修業《しゅぎょう》にはげんでいます。

萬斎《まんさい》さんが、広島《ひろしま》県宮島《みやじま》の厳島《いつくしま》神社を訪《おとず》れました。この神社の「海に浮《う》かぶ能舞台《のうぶたい》」として有名な舞台《ぶたい》で、神様に狂言《きょうげん》を奉納《ほうのう》するためです。絶《た》えず水の音が聞こえる社殿《しゃでん》の廊下《ろうか》を歩きながら、

「お、だいぶ潮《しお》が満ちてきている」

と、社殿《しゃでん》の外に広がる海を楽しそうに眺《なが》めていた萬斎《まんさい》さん。しかし、お祓《はら》いを受けて身を清め、装束《しょうぞく》を身につけはじめると、次第に表情《ひょうじょう》が変わっていきました。空中の一点をじっと見つめる目つきがするどくなります。周囲の空気も、その緊張《きんちょう》につられるようにはりつめていきました。

会場につめかけた観客は600人あまり。夜7時半、舞台《ぶたい》がはじまりました。軽く腰《こし》を落とし、足の裏《うら》をゆかにするような狂言独特《きょうげんどくとく》の足運びで、するりするりと萬《まん》斎《さい》さんたち演者《えんじゃ》が舞台《ぶたい》にでてきます。

この日の演目《えんもく》は『棒縛《ぼうしばり》』。

狂言《きょうげん》の中でも、とくに人気のある演目《えんもく》のひとつです。いつも、主人の留守《るす》中に主人のお酒を飲んでしまう太郎冠者《たろうかじゃ》と次郎冠者《じろうかじゃ》。そこで主人は、お酒を盗《ぬす》み飲みされないように、太郎冠者《たろうかじゃ》の腕《うで》を棒《ぼう》にしばりつけ、次郎冠者《じろうかじゃ》の手を背中《せなか》にしばってでかけて行きます。しかし、太郎冠者《たろうかじゃ》と次郎冠者《じろうかじゃ》は、しばりつけられたままでもどうにかお酒を飲もうとしてさわぎをひきおこす、というストーリーです。

萬斎《まんさい》さんは、次郎冠者《じろうかじゃ》を演《えん》じます。相棒《あいぼう》の太郎冠者《たろうかじゃ》は、お父さんであり師匠《ししょう》である野村万作《のむらまんさく》さん。ふたりの息の合ったかけ合いで舞台《ぶたい》は進んでいきます。

演目中盤《えんもくちゅうばん》。万作《まんさく》さん演《えん》じる太郎冠者《たろうかじゃ》は、いろいろなくふうの末、みごと大きな器にお酒をくむことに成功しました。ところが腕《うで》を棒《ぼう》にしばりつけられているので、器を口元にもっていくことができません。

「これは、飲まれん（これでは、飲めないぞ）」

やっと気づいたというような太郎冠者《たろうかじゃ》のびっくり顔に、客席から笑いがもれます。

「それならば、身どもに飲ませておくりゃれ（それなら、わたしに飲ませてください)」

すかさず、とぼけた表情《ひょうじょう》で提案《ていあん》する萬斎《まんさい》さんの次郎冠者《じろうかじゃ》。そこで、太郎冠者《たろうかじゃ》が棒《ぼう》にしばりつけられたままの手で、器を次郎冠者《じろうかじゃ》に差しだします。その器に顔を伏《ふ》せた次郎冠者《じろうかじゃ》は、おいしそうな音を立ててお酒を飲みました。実際《じっさい》には器の中は空ですが、萬斎《まんさい》さんは本当にお酒が入っているかのような、みごとな飲みぶりです。

こんどは自分の番だと、太郎冠者《たろうかじゃ》が、次郎冠者《じろうかじゃ》の背中《せなか》でしばられた手に、お酒の器をもたせました。そしてその器に顔を伏《ふ》せ、やはりごくごくとお酒を飲みます。夢中《むちゅう》になって飲む太郎冠者《たろうかじゃ》が器をおすのでしょうか、次郎冠者《じろうかじゃ》は背中《せなか》を反らしてバランスをやっと保《たも》ちながら、

「こぼすな、こぼすな」

と、声をかけます。

会場からは、どっと笑いと拍手《はくしゅ》がおきました。

ふたりのおかしな酒盛《さかも》りは続き、観客からは次々《つぎつぎ》に笑いがおこります。

しかし、萬斎《まんさい》さんは、「笑いをとる」ということばをきらいます。笑いの芸術《げいじゅつ》で

師匠《ししょう》の野村万作《のむらまんさく》さんと演《えん》じる『棒縛《ぼうしばり》』の舞台《ぶたい》。

ある狂言《きょうげん》を演《えん》じる萬斎《まんさい》さんが、なぜ「笑いをとる」ことに否定的《ひていてき》なのでしょうか。

本気の先に、笑いがある

それが狂言師《きょうげんし》としての萬斎《まんさい》さんの流儀《りゅうぎ》です。

「ただたんに、おかしいことをやって人を笑わせるというのではなくて、人間の本質《ほんしつ》を表現《ひょうげん》したいんです。人間、どんなに必死にまじめに生きているつもりでも、こうなっちゃうことがあるよね、という、そういうおかしみ。それを表現《ひょうげん》するためには、ふざけない、おちゃらけないほうがいい。やっぱり本気でやることです。舞台《ぶたい》の上で、人間として生きるということです」

海に浮《う》かぶ厳島《いつくしま》神社の舞台《ぶたい》の上で、萬斎《まんさい》さんの一生懸命《いっしょうけんめい》生きる次郎冠者《じろうかじゃ》が、躍動《やくどう》していました。

✳長い年月でとぎ澄《す》まされた型

萬斎《まんさい》さんの舞台《ぶたい》には、観客をひきつける独特《どくとく》の華《はな》があります。そして、豊《ゆた》かな喜《き》怒哀楽《どあいらく》の表現《ひょうげん》。それらはすべて、長い歳月《さいげつ》をかけて狂言《きょうげん》がつくり上げてきた「型」とよばれる技《わざ》に裏打《うらう》ちされています。

たとえば、萬斎《まんさい》さんが得意とする型のひとつ、「烏飛《からすと》び」。高くジャンプして、空中で両足をそろえて曲げると、一瞬《いっしゅん》、空中で静止して浮《う》いているように見えます。その美しさは萬斎《まんさい》さんならではのもの。いったい、どんなくふうがあるのでしょう。「空中で凝縮《ぎょうしゅく》するということですね。バレエダンサーのように、空中でふわーっとのびて浮《う》くのではなくて、上半身に力をためて凝縮《ぎょうしゅく》させる。体がぎゅっと固まって、そのまま落ちる」

萬斎《まんさい》さんの「烏飛《からすと》び」。空中で上体がまったくぶれない。

空中でぴたっと姿勢《しせい》をかため、すとんと着地する萬斎《まんさい》さんの烏飛《からすと》びは、まるで手品のようです。軽々《かるがる》とやってのけるのは、その型が身にしみついているからでしょう。しかし狂言《きょうげん》は、型を習得すれば終わりというものではない、と萬斎《まんさい》さんは言います。

型と個性《こせい》

「型をつかってそのまま演《えん》じても十分おもしろい。600年以上の伝統《でんとう》のすごいところで、型がとぎ澄《す》まされているから、いってみれば、自動的におもしろくなるんです。ある程度《ていど》までは。でも、それをどうつかってお客様にお見せするかというくふうは手動。演者自身《えんじゃじしん》の経験《けいけん》から得たものなどが作用するわけですね」

教えられた型をただ守るのではなく、その型をどう解釈《かいしゃく》して表現《ひょうげん》するかが、狂言《きょうげん》師《し》の個性《こせい》になるのです。

萬斎《まんさい》さんの個性《こせい》は、たとえば、お酒を飲むという型によくあらわれています。一気にお酒を飲みほして、舌《した》でトントンと音を立て「舌鼓《したつづみ》」を打つ、というのがこの型の基本《きほん》。萬斎《まんさい》さんはこの舌鼓《したつづみ》に、長年の経験《けいけん》から考えだしたくふうをしています。

「この舌鼓《したつづみ》を、お酒の糖度《とうど》、甘《あま》みやとろみを舌《した》にまったりと感じている、という表《ひょう》現《げん》にしたいわけです。それを舌《した》の先のほうで鳴らすと、トントンと軽いさっぱりした音で、ちょっと糖度《とうど》が低い感じがする。だから舌《した》の先ではなく、なるべく舌《した》の奥《おく》のほうで鳴らすと、もう少しまったりしたトロントロンというような音がするんです」

そうしたくふうをこらした萬斎《まんさい》さんのお酒を飲む型は、「お酒の香《かお》りが匂《にお》い立つ」と言われるほどのもの。伝えられた型を守りながら、その型を超《こ》えて、萬斎《まんさい》さんの独自《どくじ》の演技《えんぎ》となっているのです。

そんな萬斎《まんさい》さんの目標は、お父さんであり師匠《ししょう》である野村万作《のむらまんさく》さんです。万作《まんさく》さんは、80年にわたって狂言《きょうげん》を演《えん》じ続け、日本の伝統芸能《でんとうげいのう》の宝《たから》とたたえられるベテラン狂言師《きょうげんし》。日本の芸術《げいじゅつ》において価値《かち》の高い技《わざ》をもつ人として、人間国宝《こくほう》にも認定《にんてい》されています。

万作《まんさく》さんの細やかで情感豊《じょうかんゆた》かな表現《ひょうげん》は、型を守りながら、型から解《と》きはなたれた自由さがあると評《ひょう》されます。80年、型をみがき続け、独自《どくじ》の境地《きょうち》を切り開いてきた万作《まんさく》さんの目に、萬斎《まんさい》さんの芸はどう映《うつ》っているのでしょうか。万作《まんさく》さんは、こんなふうに話します。

「独自《どくじ》のものが少しずつでてきましたね。親であるわたしの立場からすれば、自分が教えていないことをやりはじめたな、と感じます。あいつになんか負けるもんか、という気持ちにもなります。わたしが若《わか》い頃《ころ》、わたしの父が『息子がライバルになった』と言ったことがあるのですが、なるほど、そういう表現《ひょうげん》もあり得るなと、いまは思いますね。ライバルになったというのは、最高のほめことばでもありますが、父はそのライバルという表現《ひょうげん》に、わたしに対する批判《ひはん》もふくめていただろうと思うんですよ」

そう言って、ちょっとふくみ笑いをする万作《まんさく》さん。万作《まんさく》さんにも、萬斎《まんさい》さんへのライバル心——批判《ひはん》をふくめたライバル心——があるようです。

親から子へ型を受《う》け継《つ》ぎ、子は親の型を超《こ》えていく。そのくり返しが、狂言《きょうげん》という芸能《げいのう》をみがき上げてきたのです。

✳宿命を生きる

萬斎《まんさい》さんが、きびしい顔つきで大声をだしています。正座《せいざ》をする萬斎《まんさい》さんと向き合って、やはり正座《せいざ》をしているのは、萬斎《まんさい》さんの長男、裕基《ゆうき》さん。萬斎《まんさい》さんが裕基《ゆうき》さんに稽古《けいこ》をつけているのです。

「用心『の』召《め》され……」

裕基《ゆうき》さんの台詞《せりふ》を、萬斎《まんさい》さんがさえぎりました。

「『を』です。『の』となることはない！　もういっぺん、その前からやれ」

「ひらに用心を『せい』……」

「『せい』って言ったら、お前のほうがえらくなっちゃうんだよ。『召《め》され』だ」

ふだんは淡々《たんたん》とした雰囲気《ふんいき》の萬斎《まんさい》さんですが、裕基《ゆうき》さんの稽古《けいこ》になると人が変わったようになります。強くはげしい口調、容赦《ようしゃ》のないきびしいことばが飛びだします。

狂言《きょうげん》は、父から子へ「口伝《くでん》」という方法で代々《だいだい》受《う》け継《つ》がれてきました。口伝《くでん》とは、話して伝えること。台本はあっても、台詞《せりふ》の言い方や表現《ひょうげん》のこつは、こうして向き合って、師匠《ししょう》であるお父さんから、弟子《でし》である息子へと教えられてきたのです。

「ひらに用心を召《め》され……」

「はい。それをもっと、力強く言ってくださいよ」

まだ10代半ばの裕基《ゆうき》さんには、狂言《きょうげん》の台詞《せりふ》である昔のことばを正確《せいかく》におぼえてつかいこなすことは、かんたんではありません。しかし、萬斎《まんさい》さんは手加減《てかげん》しません。

これは、狂言《きょうげん》の家に生まれた男の子には避《さ》けることのできない道だからです。

正座《せいざ》をして向き合い稽古《けいこ》をする萬斎《まんさい》さんと息子の裕基《ゆうき》さん。

萬斎《まんさい》さん自身も、その宿命の重みに苦しみ、おしつぶされそうになりながら戦い続けてきました。

萬斎《まんさい》さんは、1966年、狂言《きょうげん》の名門野村《のむら》家の長男として生まれました。

初舞台《はつぶたい》は3歳《さい》のとき。もの心がついたときには、すでに狂言師《きょうげんし》になるための英才教育がはじまっていました。

師匠《ししょう》は、おじいさんの万蔵《まんぞう》さんとお父さんの万作《まんさく》さん。意味もわからないまま、「型」をたたきこまれ、おぼえが悪ければ、万作《まんさく》さんの扇《おうぎ》が飛んできました。

できてあたりまえ。ほめられることなどめったにありません。

そんな毎日に、子ども心にひとつの疑問《ぎもん》がわき上がってきました。

（どうして、ぼくは、狂言《きょうげん》をやらなければならないの？）

でも、こわくて口にだしてたずねることはできませんでした。

学校では狂言《きょうげん》の話を避《さ》け、ふつうの子としてふるまっていた萬斎《まんさい》さん。それでも、日常《にちじょう》のふとした仕草などに、お父さんにしこまれた「型」があらわれることに気づきます。「型」は、いやおうなく自分の体にしみこんでいるのだと感じました。

ぼくは、狂言《きょうげん》サイボーグ

その頃《ころ》の苦しい気持ちを、萬斎《まんさい》さんは、いまもわすれられません。

「狂言《きょうげん》というチップがうめこまれているみたいでね。自分の意思にかかわらず、狂《きょう》言《げん》をプログラミングされている。そういうことへの反発がありました。父に対して、逆恨《さかうら》みというか、憎《にく》しみに近い感情《かんじょう》もあった」

ふてくされながら稽古《けいこ》をこなしていた萬斎《まんさい》さんは、17歳《さい》のときに、狂言師《きょうげんし》の登竜《とうりゅう》門《もん》とされる舞台《ぶたい》に立つことになりました。演目《えんもく》は『三番叟《さんばそう》』。豊作《ほうさく》を祈る舞《いのまい》を中心とした演目《えんもく》で、足拍子《あしびょうし》など多くの型が用いられます。

舞台《ぶたい》に上がった萬斎《まんさい》さんは、このとき、体が勝手に動きだすような感覚をおぼえました。お父さんにたたきこまれた型が、内側から自分をつき動かしているような、説明のできない不思議な躍動感《やくどうかん》。はじめて狂言《きょうげん》をおもしろいと思いました。じょじょに狂言《きょうげん》への情熱《じょうねつ》が目覚めていきます。

ところが、22歳《さい》で壁《かべ》につき当たりました。狂言《きょうげん》の卒業論文《ろんぶん》ともいわれるむずかしい演目《えんもく》『釣狐《つりぎつね》』を演《えん》じることになったときのことです。

『釣狐《つりぎつね》』は、猟師《りょうし》に一族を殺されてしまった狐《きつね》が、狩《か》りをやめさせるために、人間に化けて猟師《りょうし》を説得しに行く、という怪《あや》しい雰囲気《ふんいき》のある異色《いしょく》の作品。面をつけ、着ぐるみを着て、狐《きつね》を演《えん》じます。

お父さんの万作《まんさく》さんはこの『釣狐《つりぎつね》』をくり返し演《えん》じていて、「狐《きつね》役者」とよばれるほどの名人です。萬斎《まんさい》さんは、万作《まんさく》さんに教わった型を完璧《かんぺき》におぼえ、舞台《ぶたい》にのぞみました。

しかし、命をおびやかされる孤独《こどく》な狐《きつね》の心のさけびが、まったく表現《ひょうげん》できません。万作さんに教えられたとおりに演《えん》じているのに、何かがちがうのです。

型どおりに演《えん》じるだけでは到達《とうたつ》できない領域《りょういき》があることを、萬斎《まんさい》さんは思い知らされました。

一生懸命《いっしょうけんめい》演じようとすればするほど、狐《きつね》が逃《に》げて行くような気がしました。どうすれば、万作《まんさく》さんのような味わい深い狐《きつね》が演《えん》じられるのか。

思い悩《なや》んだ萬斎《まんさい》さんは、万作《まんさく》さんの狐《きつね》の稽古《けいこ》に立ち会わせてもらうことにしました。そして、万作《まんさく》さんの細かい動作の一つひとつに目をこらします。

そこで目にしたのは、狐《きつね》の小さな仕草ひとつにも、新しいくふうを試みて悩《なや》む万《まん》作《さく》さんの姿《すがた》でした。20回以上狐《きつね》を演《えん》じて高い評価《ひょうか》を得ても、納得《なっとく》せず、さらなる高みをめざしてもがき苦しんでいたのです。

この道には終わりがない。果てしない芸の道。

それが、自分自身も背負《せお》う宿命であることに気づき、萬斎《まんさい》さんはおそろしさを感じました。

37歳《さい》のとき、萬斎《まんさい》さんにわすれられないできごとがおこりました。息子、裕基《ゆうき》さんの3歳《さい》の初舞台《はつぶたい》のときのことです。演目《えんもく》は『靭猿《うつぼざる》』。猿《さる》つかいが、横暴《おうぼう》な大名に大切に飼《か》っている猿《さる》を殺せと命じられる、という物語。狂言《きょうげん》の家の子どもは、この『靭猿《うつぼざる》』の猿《さる》の役で初舞台《はつぶたい》をふみます。

かつて、萬斎《まんさい》さん自身も3歳《さい》で猿《さる》を演《えん》じましたが、父となって、こんどは猿《さる》つかいの役です。

猿《さる》つかいが、猿《さる》を殺さなければならない事情《じじょう》を猿《さる》に話して聞かせる場面。猿《さる》の面をつけた小さな裕基《ゆうき》さんが、萬斎《まんさい》さんを見上げています。その裕基《ゆうき》さんに向かって、

「よう聞け。背《せ》に腹《はら》はかえられぬ。不憫《ふびん》には思えども、いま、汝《なんじ》を打つほどに……(よく聞け。つらいことだがしかたがない。かわいそうだとは思うが、これからおまえを殺すから……)」

と台詞《せりふ》を言う萬斎《まんさい》さんのほおを、ひと筋《すじ》の涙《なみだ》が伝いました。舞台《ぶたい》では流してはならないはずの涙《なみだ》。

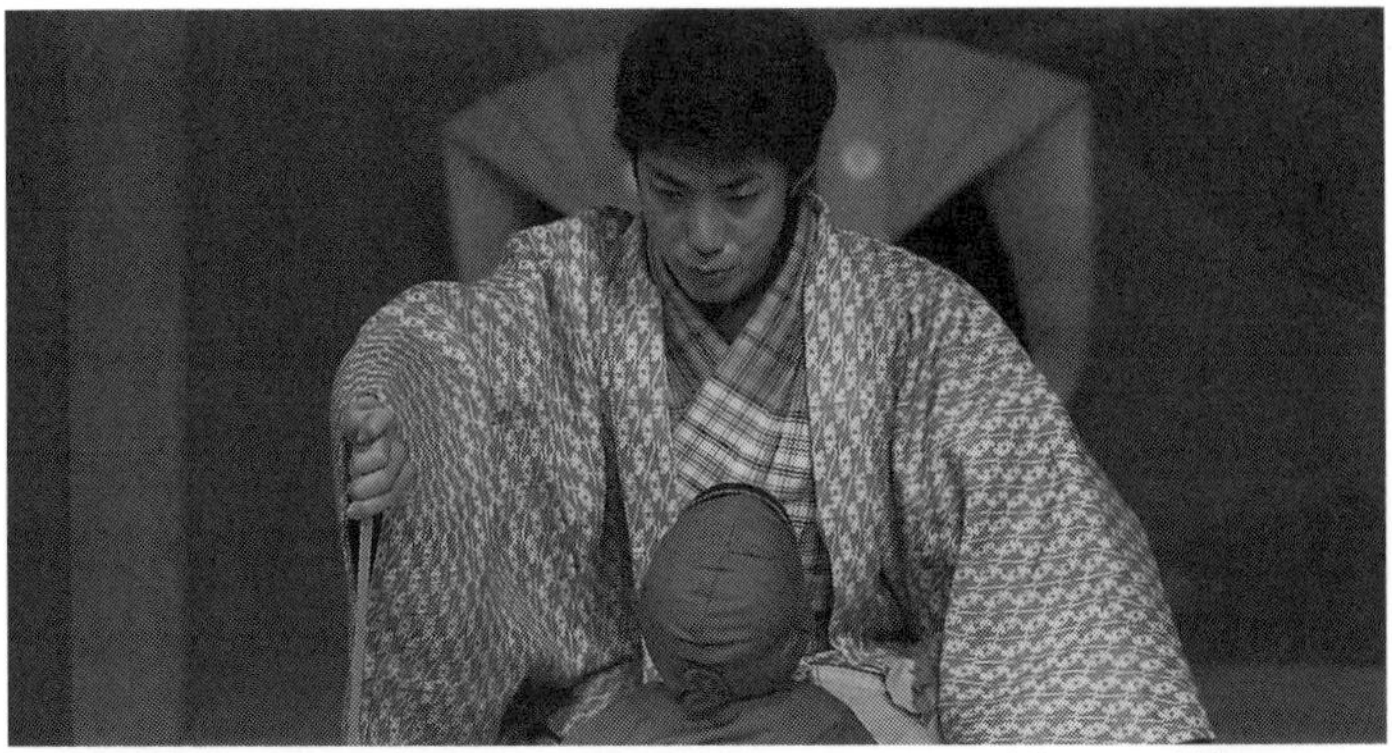

息子に背負《せお》わせた宿命を思い、舞台《ぶたい》で流してはならない涙《なみだ》を流す萬斎《まんさい》さん。

猿《さる》つかいは、かわいい猿《さる》にむごい運命を受け入れさせようとしています。その猿《さる》つかいの心情《しんじょう》に、いままさに、我《わ》が子《こ》にけわしい宿命の道を歩ませようとしている、萬斎《まんさい》さんの複雑《ふくざつ》な気持ちが重なり、あふれでた涙《なみだ》でした。

（この子に、自分と同じ苦しい道を歩ませるのだ。その責任《せきにん》は重い。この子にとって、これは本当によいことなのか……）

その4年後。

7歳《さい》になった裕基《ゆうき》さんに稽古《けいこ》をつけていたとき、萬斎《まんさい》さんはおそれていた質問《しつもん》を裕基《ゆうき》さんからつきつけられました。

「どうしてぼくは、狂言《きょうげん》をやらなければならないの？」

やはり、裕基《ゆうき》さんは、萬斎《まんさい》さんと同じ苦しみを味わうようになっていたのです。萬斎《まんさい》さんはことばを失い、そして正直にこたえました。

「ぼくも、そう思っている」

宿命を、生きる力に変える

なぜ、狂言《きょうげん》をやらなければならないのか。そのこたえについて、萬斎《まんさい》さんはこう話します。

「こたえは狂言《きょうげん》をやらないかぎりでてきません。やり続けても永遠《えいえん》に見つからないかな。狂言師《きょうげんし》が、自分の存在《そんざい》の価値《かち》を証明《しょうめい》するには、うめこまれた型をつかいきるしかありません。そうしないと、型を身につけさせられた過去《かこ》のすべてがなりたたなくなる。そうならないためには、狂言《きょうげん》の世界で戦い続けるしかないんです」

永遠《えいえん》の問いを胸《むね》に、見つからないかもしれないこたえを求めて、萬斎《まんさい》さんは今日も舞台《ぶたい》に立ちます。生きている、自分という存在《そんざい》を証明《しょうめい》するために。

✳無心の境地《きょうち》へ

48歳《さい》となった萬斎《まんさい》さんは、むずかしい舞台《ぶたい》に挑《いど》むことを決心しました。演目《えんもく》は『狸腹鼓《たぬきのはらつづみ》』。野村《のむら》家に代々《だいだい》伝わる２５４演目《えんもく》の中でももっともむずかしいもので、家を継《つ》ぐ者だけが師匠《ししょう》から教わることができる秘伝《ひでん》の狂言《きょうげん》です。物語は、人間に化けた妊娠《にんしん》中の狸《たぬき》と、畑を荒《あ》らす狸《たぬき》を弓矢で射殺《いころ》そうとする村人のお話。萬《まん》斎《さい》さんは狸《たぬき》を演《えん》じます。

装束《しょうぞく》の確認《かくにん》のために、萬斎《まんさい》さんが京都に出向きました。はおってみた特注の装束《しょうぞく》は、おなかのあたりが丸くふくらんでいます。人間に化けたときの狸《たぬき》の衣裳《いしょう》なのです。

「これをぱっと脱《ぬ》いで、狸《たぬき》の姿《すがた》をあらわす、という演出《えんしゅつ》なんですが……」

と、仕立屋さんに説明する萬斎《まんさい》さん。

実際《じっさい》の演技《えんぎ》と同じ姿勢《しせい》で、不具合がないか確認《かくにん》します。その熱心さからも、この舞台《ぶたい》への意気ごみが感じられました。

萬斎《まんさい》さんが、48歳《さい》という年齢《ねんれい》でこの究極の演目《えんもく》『狸腹鼓《たぬきのはらつづみ》』に挑戦《ちょうせん》するのには、理由がありました。

体力だけをたよりに演技《えんぎ》を続けていたら、いずれ限界《げんかい》がやってくる、という意識《いしき》があったのです。そろそろ年齢《ねんれい》を重ねてこその味わい深い演技《えんぎ》をめざしていこう、と思うようになっていました。

その転換期《てんかんき》にむずかしい演目《えんもく》に挑《いど》むことは、自分と向き合い、実力を確認《かくにん》するチャンスになります。

実は、萬斎《まんさい》さんの『狸腹鼓《たぬきのはらつづみ》』への挑戦《ちょうせん》は2度目です。8年前に一度演《えん》じたことがあり、そのときは、万作《まんさく》さんから教えられた型をそのままなぞるだけで精《せい》いっぱいでした。今回は、どれだけ自分の世界をつくりだせるのでしょう。師匠《ししょう》である万《まん》作《さく》さんは、萬斎《まんさい》さんの2度目の挑戦《ちょうせん》について、こう話します。

「狸《たぬき》の心を考えれば、奥深《おくぶか》いものがでてくるのではないでしょうか。それも頭で考えるのではなく、体で考える。役者としての体が、役の心を考えさせてくれるようになれば、本物です」

本物の狂言師《きょうげんし》への正念場。萬斎《まんさい》さんの戦いがはじまりました。

狸《たぬき》の心になる

今回の挑戦《ちょうせん》に当たって、萬斎《まんさい》さんは、舞台《ぶたい》でつかう笛の演奏《えんそう》を大きく変更《へんこう》しました。もの悲しげな曲調にすることで、より味わい深い演技《えんぎ》を追求することをねらったのです。

アレンジした演奏《えんそう》の録音データが届《とど》くと、その場面の稽古《けいこ》に入った萬斎《まんさい》さん。しかし、ふりつけをあわせてみるとうまくいきません。

(あわせにくいな)

新しい笛の演奏《えんそう》に、なんどもなんども狸《たぬき》のふりつけをあわせようとしますが、どうしても音と動きがあいません。

それならふりつけを思いきって変えるしかない、と考える萬斎《まんさい》さん。ふりつけを変えてでも表現《ひょうげん》したいのは、笛の音で象徴《しょうちょう》させている母狸《たぬき》の内面。悲しみの心です。

その表現《ひょうげん》のために重要になる場面がありました。正体を見破《みやぶ》られて殺されそうになった狸《たぬき》が、命乞《いのちご》いのために腹鼓《はらつづみ》を打って村人を楽しませるというシーン。ここで狸《たぬき》はおなかの子を気づかって、おなかをたたくことをためらいます。このためらいで、葛藤《かっとう》する母の悲しみを表現《ひょうげん》したいのです。命を守るためにはおなかをたたくしかない、でも子どものいるおなかをたたくのはつらい……。悲しげな首のふり方。子どもに語りかけるようにおなかをさする手つき。思いきってたたこうとふり上げる手。萬斎《まんさい》さんは、音にあわせてなんどもその仕草をためしてみました。納得《なっとく》がいきません。

「あわない」

「ちがうな……」

ぽつぽつとこぼれるひとり言。汗《あせ》が流れ落ちます。

孤独《こどく》な手探《てさぐ》りの稽古《けいこ》は、4時間におよびました。

それでも満足せず、こんどはノートにふりつけを書きだし、整理をしはじめます。

(最初は、腹鼓《はらつづみ》を打とうとしないで悩《なや》む。2度目は、打とうか悩《なや》んでちょっとおなかをさする。3度目は、いよいよ打とうとするけれどまた悩《なや》む……)

萬斎《まんさい》さんは、『狸腹鼓《たぬきのはらつづみ》』の型にこめられた心と自分の心とを、なんとかしてつなごうとしていました。その演目《えんもく》を自分のものにするには、演目《えんもく》と自分とがしっかり交差していなければなりません。そのために、演目《えんもく》の中に組みこまれた型を、一度ばらばらにしてとりだして確認《かくにん》し、あらためて組み立て直す作業が必要でした。

萬斎《まんさい》さんと狸《たぬき》の根くらべが続きます。

本番5日前。狸《たぬき》の面が届《とど》きました。古くから伝わる貴重《きちょう》な面です。萬斎《まんさい》さんは、面をおしいただくようにして頭を下げると、さっそく顔に当ててみました。

「これは、このあたりにすむ狸《たぬき》でござる（わたしは、このあたりにすむ狸《たぬき》でございます）」

と台詞《せりふ》を言うと、狸《たぬき》の口が、萬斎《まんさい》さんのあごの動きにあわせて、かたかたと動きます。いよいよ狸《たぬき》になるときが近づいてきていました。

萬斎《まんさい》さんが稽古《けいこ》をはじめました。しかし、どうしても納得《なっとく》のいかないところがあります。しばしば足を止め、考えこみ、首をふり、ため息をつきます。

めざしているのは、万作《まんさく》さんがしばしば口にする「頭で考えるのではなく、体が自然に動く演技《えんぎ》」。でも、萬斎《まんさい》さんには、まだその感覚が得られません。万作《まんさく》さんの言う境地《きょうち》にどうすれば近づけるのかわかりませんでした。

その日の夜、萬斎《まんさい》さんは、万作《まんさく》さんと同じ舞台《ぶたい》に立ちました。80歳《さい》を超《こ》えても、なお、自分の芸に満足せず、日々修業《ひびしゅぎょう》を続ける万作《まんさく》さんの姿《すがた》が、あらためて偉大《いだい》に見えます。この日の気持ちを萬斎《まんさい》さんはこう話しました。

「狂言師《きょうげんし》の人生ということを考えさせられました。花を咲《さ》かせ、実をつけ、最後は雪に覆《おお》われて無になる。そういう境地《きょうち》を、父が長生きをして見せてくれている。自分もその道を進んでいくんだと、あらためて思っています。いまはその道の半ばですが、できればいつかは、その無の境地《きょうち》にたどりつきたいですね」

そのためにも、いまはもがかなければならない。狸《たぬき》に全力で取り組まなければならない。萬斎《まんさい》さんは決意を新たにしていました。

本番3日前。

果てなき芸道、真《まこと》の花を

野村萬斎《のむらまんさい》

型にこめられた心と、自分の心をなんとかつなごうと稽古《けいこ》する萬斎《まんさい》さん。

舞台《ぶたい》での演技《えんぎ》の最終確認《かくにん》がおこなわれました。しかし、そこで新たな課題がでてきてしまいます。

腹鼓《はらつづみ》を打って命拾いをした狸《たぬき》が、帰り道に月を見上げるラストシーン。笛の音が切なくひびき、月を見上げる狸《たぬき》。萬斎《まんさい》さんは、何かが足りないと感じます。もっと余韻《よいん》のある終わり方をしたい。でも、どうしたらいいのかわかりません。考えこんで動けなくなってしまいました。

しかし、いつまでも考えているわけにはいきません。すぐに、本番どおりの装束《しょうぞく》を身につけてのリハーサルがはじまるのです。ラストシーンの演技《えんぎ》の構想《こうそう》がかたまらないまま、萬斎《まんさい》さんは、狸《たぬき》の面と装束《しょうぞく》で舞台《ぶたい》に立ちました。

舞台《ぶたい》の後方には、万作《まんさく》さんが座《すわ》って、萬斎《まんさい》さんの演技《えんぎ》に目を光らせています。師匠《ししょう》にみとめてもらえるか。本番さながらの、緊張《きんちょう》したリハーサルがはじまりました。

舞台《ぶたい》は順調に進行していきます。そして、萬斎《まんさい》さんが悩《なや》みぬいた、腹鼓《はらつづみ》を打とうとする狸《たぬき》がおなかの子を思ってためらう大事な場面。

萬斎《まんさい》さんは、我《わ》が子に語りかけるように、おなかをなでました。そして、なんども首をふります。その切なそうな仕草を、くい入るように見つめる万作《まんさく》さん。

さらに舞台《ぶたい》は進んで、いよいよ月を見上げるラストシーン。

このとき萬斎《まんさい》さんの頭には、まだなんのアイデアも生まれていませんでした。しかし、舞台《ぶたい》上で月を見上げたとき、自然に子どもを気づかって、もう一度やさしくおなかをなでていました。

思わず体が動いた、無心の演技《えんぎ》でした。

その後、我《われ》に返ったように幕《まく》の中に転がりこんで消える萬斎《まんさい》さん。

「いまの、うまくいきましたよ」

万作《まんさく》さんは、満足そうな笑みを浮《う》かべていました。

ついに萬斎《まんさい》さんの狸《たぬき》が完成したのです。


本番当日。

大勢《おおぜい》の観客がつめかけ、客席は満員です。

場内が暗くなると、舞台《ぶたい》の上に、萬斎《まんさい》さんの狸《たぬき》の世界があらわれました。

あざやかに装束《しょうぞく》を脱《ぬ》ぎ捨《す》てて姿《すがた》をあらわす狸《たぬき》。おびえてちぢこまる狸《たぬき》。なんども腹鼓《はらつづみ》を打とうとしてはためらう狸《たぬき》。命拾いして月を見上げる狸《たぬき》。そして、そっとおなかをなでる狸《たぬき》。

狸《たぬき》がくるりと転がって幕《まく》の中に消えると、会場から大きな拍手《はくしゅ》がおこりました。客席にはやさしい笑顔が満ちています。萬斎《まんさい》さんが演《えん》じた狸《たぬき》の心は、観客に確《たし》かに伝わりました。萬斎《まんさい》さんはみごとに勝負の演目《えんもく》を演《えん》じきったのです。

楽屋で、狸《たぬき》の装束《しょうぞく》から着物に着替《きが》えた萬斎《まんさい》さん。すっきりとした、落ち着いた表情《ひょうじょう》です。大きなチャレンジに成功して、ほっとしているのでしょうか。

「今日は、今日の成果をひとつ得たということで、まあ、よかった。でも、ぼくはあまり満足するということがないので、これからもうちょっとつきつめていきたいと思います」

そう言って、笑顔を見せる萬斎《まんさい》さん。その目は、終わりのない道の先の、無の境《きょう》地《ち》を見つめているようでした。

プロフェッショナルとは

狂言師《きょうげんし》としては、
美しさをもって人の心をひきつけ、
おもしろさをもって人と心をつなぐこと。
そして、あきらめないのが狂言師《きょうげんし》かな。

第249回2014年12月15日放送

こんなところがプロフェッショナル！

華《はな》のある演技《えんぎ》で観客をひきつける狂言師《きょうげんし》、野村萬斎《のむらまんさい》さん。
こんなところがすごいよ！

深夜は体力トレーニング

「立ち方」「歩き方」の細部まで定められている狂言《きょうげん》の舞台《ぶたい》は、きたえぬいた身体能力《のうりょく》がないとつとめることができません。稽古《けいこ》を終えた深夜1時からランニングをはじめ、じょじょに坂道の勾配《こうばい》を上げて体に負荷をかけ、舞台《ぶたい》をつとめる体をつくっています。

ネットの評価《ひょうか》もバネにする

休憩《きゅうけい》時間にネットで舞台《ぶたい》の評価《ひょうか》や自分のうわさ話を見ることも。萬斎《まんさい》さんは、批評《ひひょう》されることをまったくおそれません。どちらかというと、むしろそれがバネになるかな……と言います。

40、50は鼻たれ小僧《こぞう》

狂言《きょうげん》の世界では、40、50は鼻たれ小僧《こぞう》といいます。40代、50代は、まだまだ未熟《みじゅく》という意味です。だからこそ、いま何をするかによって未来が変わってくるはず。50代がはじまったいま、技術《ぎじゅつ》に個性《こせい》を加えていく日々《ひび》が続きます。

狂言師《きょうげんし》として無の境地《きょうち》まで

「狂言師《きょうげんし》の人生ということを考えたとき、春からはじまって、やがて花を咲《さ》かせて実をつけ、最後はなんとなく雪におおわれて『無』になるような感覚。いま、自分は、移《うつ》ろいを感じながらこの道をつき進むのかなという気がしています」と萬斎《まんさい》さん。狂言師《きょうげんし》として「無の境地《きょうち》」をめざします。

プロフェッショナルの格《かく》言《げん》

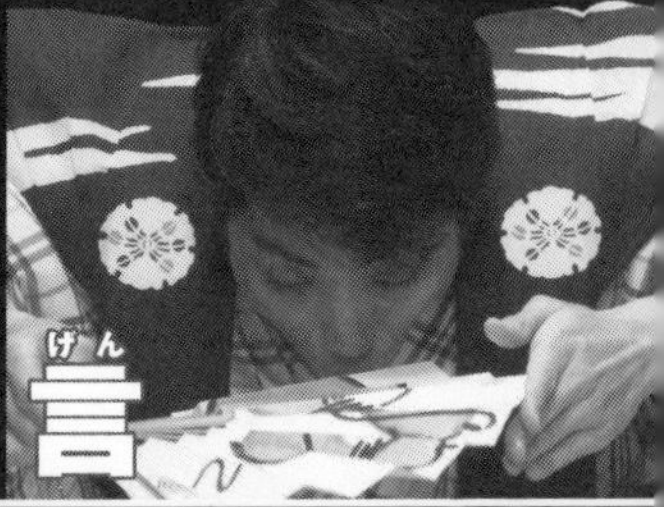

人気狂言師《きょうげんし》、野村萬斎《のむらまんさい》さんのことばを心にきざもう。

本気の先に、笑いがある

「ただたんにおかしく、人を笑わせるために何かをするのではなく、人間の本質《ほんしつ》の『おかしみ』を表現《ひょうげん》したい」という萬斎《まんさい》さん。だからふざけない、おちゃらけない、本気で演《えん》じます。

宿命を、生きる力に変える

「なぜ狂言《きょうげん》をやらなければならないのか。そのこたえは狂言《きょうげん》をやらないかぎりでてこない。やっても永遠《えいえん》に見つからないかな」と語る萬斎《まんさい》さん。狂言《きょうげん》の名門野村《のむら》家に生まれた宿命を、自分の生きる力に変えています。

満足することはあまりない

勝負の演目《えんもく》『狸腹鼓《たぬきのはらつづみ》』を、苦しみもがいてようやく演《えん》じきった萬斎《まんさい》さん。その成果はみとめながらも、それに満足することはあまりないと言います。演《えん》じきってもさらにつきつめていきます。

大事なものは、足元にある

ガーデンデザイナー　ポール・スミザー

日本には四季がある。
それを象徴《しょうちょう》するのが、草花などの植物だ。
昔から、自然のめぐみである季節の草花は、日本人の生活を彩《いろど》ってきた。
しかし、近代化とともに都市からは緑がへり、
四季を教えてくれた昔ながらの植物は、かえりみられなくなってしまった。
そんな中、日本の植物が季節を彩《いろど》る、息をのむほど美しい庭を手がけるのは、
イギリスからやってきたひとりのガーデンデザイナーだ。
野山を歩いて草木を調べ、日本の植物を知りつくした彼《かれ》は、
農薬や化学肥料《ひりょう》をつかわない常識破《じょうしきやぶ》りの手法で、
自然よりも自然らしい理想の庭をつくり上げる。
日本の草木を愛し、すこやかに植物を育てるその庭づくりの秘密《ひみつ》は、
「足元」にあると言う。

植物を生きさせる

春。寒い冬のあいだずっと眠《ねむ》っていた植物が、目をさます季節です。

山梨《やまなし》県内にある高原リゾート「萌木《もえぎ》の村」に、ひとりの男性《だんせい》がやってきて水まきをはじめました。

ポール・スミザーさん。ガーデンデザイナーです。

25年前にイギリスからやってきたスミザーさん、日本語をじょうずに話しながら水をまいています。植物の根が活発に成長しはじめる春は、苗《なえ》の植えつけに最適《さいてき》の季節。庭づくりのプロであるスミザーさんには、大いそがしの季節です。

ポール・スミザーさん。

スミザーさんの仕事はガーデンデザイン。つまり、庭を設計《せっけい》することです。公園のような大きな場所、また個人《こじん》の家の庭、それぞれの目的や依頼主《いらいぬし》の好みにあわせて、その庭をどんなイメージの庭にするか、どこにどんな植物を植えるかを考えます。さらに、設計《せっけい》した庭の植物の植えこみまで自分でおこなうスミザーさん。デザインにとどまらず、庭づくり全体がスミザーさんの仕事なのです。

「萌木《もえぎ》の村」は自然とふれ合うことのできる高原リゾート。スミザーさんが庭などの自然エリアのデザインをまかされ、２０１２年より根本的なガーデンのリニューアルをおこなっている場所です。

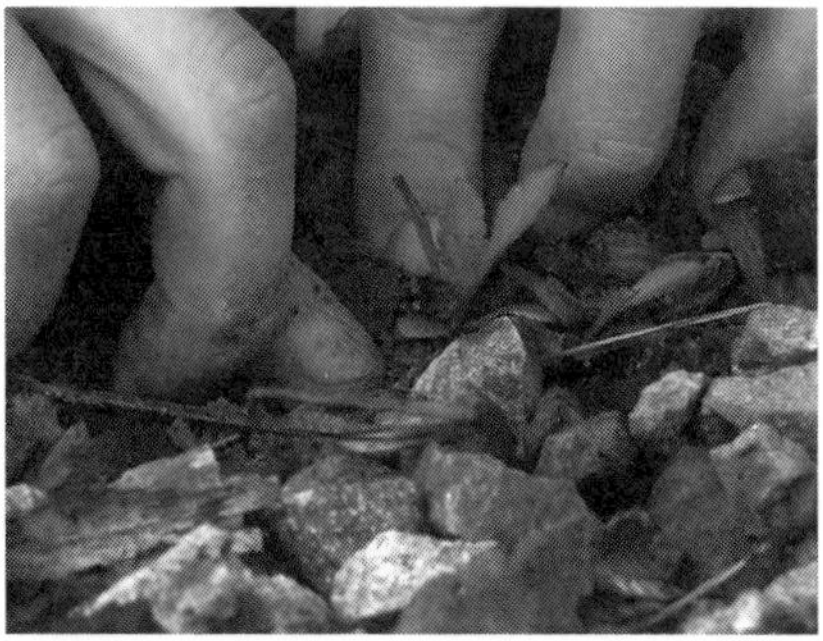
砂利《じゃり》に植えたマツムシソウ。

スミザーさんが、敷地《しきち》内の歩道脇《わき》にマツムシソウの苗《なえ》を植えはじめました。マツムシソウは、かれんな紫色《むらさきいろ》の花で、昔から山梨《やまなし》県周辺に自然にはえていた日本の野草。苗《なえ》はまだとても小さく、指先ほどの大きさです。

歩道脇《わき》の花壇《かだん》はあえて土をすきとり、砂利《じゃり》を入れ、その中に苗《なえ》を植えました。マツムシソウは自然下ではそのような場所に自生しているからです。さらにスミザーさんは、肥料《ひりょう》をあたえません。肥料《ひりょう》をあたえると、必要以上に大きくなって、植物が自分の力で立てなくなってしまうからです。農薬や化学肥料《ひりょう》はつかわない。その植物が好む環境《かんきょう》をつくってそこに植えてあげたあとは、必要以上に植物に手を差しのべない。これがスミザーさんのやり方です。

自分の力で生きさせる

植物の生きる力について、スミザーさんはこう話します。

「ぎりぎりの環境《かんきょう》でがんばる植物は、とてもじょうぶなんです。しばらく雨がふらなかったり、異常《いじょう》な天気が続いたりしてもたえられる植物を育てるには、ぎりぎりのものだけあたえて育てるといい。そうすると、最終的には自分の力でじょうぶになってくれますよ。植物は自分で調整するからね」

人の力を借りずに自分で育つ草木は、たくましく、美しくなるのです。

砂利《じゃり》に穴《あな》を掘《ほ》り、マツムシソウの苗《なえ》を植えるスミザーさん。最後に、苗《なえ》の根元の砂利《じゃり》を両手でゆっくりやさしくおさえます。その手つきは「がんばってね」と語りかけているようです。いまは小さなマツムシソウの苗《なえ》も、スミザーさんに見守られて強く大きく育っていくのでしょう。

「萌木《もえぎ》の村」には、スミザーさんが気になっている場所がありました。

入り口のすぐそばであるにもかかわらず、人どおりがまったくない一角。木が茂《しげ》っているために日光がさしこまず、日中でもうす暗くなっています。その上、地面は傾斜《けいしゃ》していて、斜面《しゃめん》の土は、ぼろぼろとしたもろい土です。土がくずれて流れやすく、庭にするには不向きな場所でした。見るべきものがないので、来園した人はすどおりしていきます。

問題の場所を細かくチェックしたスミザーさん、考えを整理してオーナーさんに提案《ていあん》します。

「ここの、よいところと悪いところを言いますね。

枝《えだ》ぶりが美しいカエデの木。

まず、とてもよい木がある。カエデは、変な剪定《せんてい》（目的にあわせて枝《えだ》を切ること）がされていない立派《りっぱ》な木。これは生かしたいよね。問題は地面に日が当たらないこと。これは木が多すぎるからなので、これをなんとかしないといけない」

そう話したスミザーさんは、枝《えだ》ぶりの美しいカエデは生かして、地面を暗くしているほかの木を伐採《ばっさい》することにしました。

これから伐採《ばっさい》する木の、上のほうの枝《えだ》に固定したロープと腰《こし》につけた器具をつかって、幹《みき》を垂直《すいちょく》に歩くように登っていくスミザーさん。イギリスの王立園芸協会で身につけた、ツリークライミングの技術《ぎじゅつ》です。高い枝《えだ》のと

ツリークライミングで枝《えだ》を登るスミザーさん。

ころまで登りきると、小型ののこぎりをつかって枝《えだ》を切りはじめました。切りたおすときにほかの木を傷《きず》つけないよう、あらかじめ枝《えだ》を落とすのです。

ここには適度《てきど》な日がさすようになるでしょう。ここからが、スミザーさんの本格《ほんかく》的な仕事です。

どんな庭にしたてるか？

スミザーさんは、出張《しゅっちょう》で鳥取《とっとり》に向かう電車の中で考えはじめました。

（人は、暗い殺風景なところには行かない。「どうぞ、入ってください」という感じの明るいオープンな庭。そういうところなら安心して入ってきてくれるはず……）

考えながら、スケッチブックにイメージをえがいていきます。

スミザーさんのスケッチの中の庭には、土が流れるのを防《ふせ》ぐための石垣《いしがき》が斜面《しゃめん》に築《きず》かれ、大きな花壇《かだん》がつくられています。その花壇《かだん》には、葉の色や形が異《こと》なるさまざまな植物が植えられ、明るい印象。その花壇《かだん》の中を散策《さんさく》する人も、えがかれます。

庭の方向性《ほうこうせい》がかたまっていきました。

スミザーさんが、再《ふたた》び「萌木《もえぎ》の村」を訪《おとず》れました。車の荷台には、たくさんの草木。入り口近くの例の場所に、デザインどおりに植物を植えていくのです。

植物を植える際《さい》に、もっとも注意しなければいけないのが「陰《かげ》の見きわめ」です。一日中、日の当たらない「日陰《ひかげ》」。時間によっては、枝葉《えだは》のあいだから日の当たることがある「木陰《こかげ》」。微妙《びみょう》な差のようですが、植物にとってはこの微妙《びみょう》なちがいが命にかかわります。

話し好きのスミザーさんも、この見きわめをしているときは無口になってしまうほど、重要な判断《はんだん》なのです。

居場所《いばしょ》があれば、生きていける

スミザーさんには、植物と向き合う上でのゆるがない哲学《てつがく》があります。それは、植物はその特徴《とくちょう》に適《てき》したところに植える、ということです。これをスミザーさんは、「声を聞く」と表現《ひょうげん》します。

「植物と話ができたら、『あなたは、本当はどういうところが好きなの?』って聞

© Garden Rooms

ゲラニウム・マックスフライ

フランシスウィリアムズ

アルボマージナータ

きますね。そして、『どちらかといえば、日当たりのよいところかな』なんて、教えてもらう。適《てき》した場所というのがいちばん大切だから。生き物はみんな同じだと思うよ。植物も人間も、ふさわしい場所さえあれば、生きていける」

そう言いながら、日が当たらない小屋の陰《かげ》には、ギボウシの一種、アルボマージナータを植えます。これは日陰《ひかげ》でも育つ優等生《ゆうとうせい》。

一方、同じギボウシの仲間でも、木もれ日くらいの日当たりを好むフランシスウィリアムズは、少し日のさす花壇《かだん》の中央に植えます。

直射《ちょくしゃ》日光が注いで乾燥《かんそう》しやすい花壇《かだん》の端《はし》には、ゲラニウム・マックスフライ。小さな花を咲《さ》かせるかわいらしい見た目に似合《にあ》わず、がまん強く、へたりません。

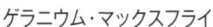

© Garden Rooms

入り口付近の人が入らない一角。

1か月後。明るくなった。

© Garden Rooms

3か月後。植物がしっかり根づいた。

その植物が好む場所をきちんと理解《りかい》して、場所を選んで植える。スミザーさんは、そのことに細心の注意をはらいながら、ていねいに植物を植えていきました。

その1か月後。以前はすどおりされて、ひっそりと静まり返っていた入り口近くの一角に、人が行きかうようになっていました。木が間引かれて明るくなり、花壇《かだん》が設《もう》けられたその中の小道を、人がゆっくりと歩いて行きます。

花壇《かだん》に植えた植物は、まだまばらで土が目立ちます。だから、いまは花壇《かだん》に目を向ける人はいません。でも、スミザーさんは、それでよいのだと言います。

「明日、明後日のことはどうでもいいの。大事なのは、5年、10年の単位で考えることです。日本では、多くの庭が、いまをきれいに見せることだけを考えてつくられているけれど、そうではなくて、何年も植物が元気に生きられるような庭にすることを考えたら、庭はもっときれいになるよね」

スミザーさんの頭の中には、5年後のこの庭が生き生きとイメージされているのです。

＊＊＊

スミザーさんは、鳥取《とっとり》県の南部町《なんぶちょう》にあるフラワーパーク「とっとり花回廊《はなかいろう》」に、秋の庭をつくるという仕事を受けました。パークの園長からのリクエストは、秋にお客さんに来園してもらうための目玉になる「涙《なみだ》がでるほど美しい紅葉《こうよう》の庭」。スミザーさんは、さっそく庭にするための場所を探《さが》しはじめました。

パーク内を歩き回るスミザーさん。薄暗《うすぐら》く、人気のない広場に足を止めました。

（なんだろう、ここは。もったいない……）

ⓒ Garden Rooms

チョウジソウ

ⓒ Garden Rooms

オミナエシ

カシワバアジサイ

パークでも何につかうか決めかねている場所でした。紅葉《こうよう》の代名詞《だいめいし》であるカエデもなく、なんの変哲《へんてつ》もない広場。でも、スミザーさんは、この場所を秋の庭にすることに決めました。いったい、どんな秘策《ひさく》があるのでしょうか。

スミザーさんが、自分の事務所《じむしょ》で秋の庭の設計《せっけい》にとりかかりました。

たくさんの植物の写真や本を机《つくえ》の上に広げていきます。カエデにたよらずに、秋に色づく植物を集めて、紅葉《こうよう》を楽しめる庭をつくろうと考えているのです。

探《さが》してみると、たくさんの紅葉《こうよう》する植物が見つかりました。

カシワバアジサイの葉は、紫《むらさき》、赤、オレンジ、黄色、さまざまな色になります。日本の多年草でも、オミナエシは、花は黄色ですが、葉は真っ赤に、くきはオレンジに色づきます。チョウジソウの葉もあざやかな黄色に変わります。

大事なものは、足元にある

たくさんの美しく紅葉《こうよう》した植物の写真を眺《なが》めながら、スミザーさんは考えました。（紅葉《こうよう》する植物がこんなに……。日本には、とてもよい植物がたくさんあって、まだまだ発見がある。これに気がつかないのはもったいないな。あなたの足元にすてきなものがあるよ、と伝えたい）

スミザーさんはペンを手にとり、スケッチブックに「涙《なみだ》がでるほど美しい紅葉《こうよう》の庭」のデザインをえがきはじめました。

スミザーさんが、完成させたデザイン案をもってフラワーパークを訪《おとず》れました。園長にデザイン案を見せます。

スミザーさんの秋の庭のデザイン案は、大胆《だいたん》なものでした。紅葉《こうよう》は見上げるもの、

スミザーさんがデザインした秋の庭のスケッチ。

という常識《じょうしき》的な発想からはなれ、足元から腰《こし》くらいまでの高さが、さまざまな秋の色でうめつくされています。広場の空間が、やさしい秋の色に染《そ》まっていました。

「木の紅葉《こうよう》だけにしぼったら、見どころがけっこう高い位置だけにかぎられてしまいます。でも、こういう紅葉《こうよう》する草花を植えることによって、低い位置でも紅葉《こうよう》を楽しむことができる」

デザイン案を説明するスミザーさんに、園長が質問《しつもん》します。

「この庭で、いちばん見て欲《ほ》しいチャームポイントって、どこだろう?」

スミザーさんは即答《そくとう》しました。

「いちばんはないの。紅葉《こうよう》だけを見る、というのではなくて、この庭では、秋のよさを感じる。たとえば……風」

スミザーさんには、この庭の楽しみ方の具体的なイメージがありました。草木の美しく紅葉《こうよう》した庭を、秋の風が吹《ふ》きぬけます。その風を感じるために配置するのが、ススキの仲間。紅葉《こうよう》する植物ではありませんが、かすかな風にもしなやかに穂《ほ》をゆらすススキの姿《すがた》もまた、日本の秋を感じさせるものです。

スミザーさんは、紅葉《こうよう》を楽しむだけではなく、さまざまな植物の中で秋の雰囲気《ふんいき》を味わえる庭をつくろうとしていました。

スミザーさんの説明を聞いた園長は、うなずきました。

「なるほど、よくわかりました。新しい庭の魅力《みりょく》として打ちだせそうです。ぜひよい庭にして、ぼくを泣かせてください。よろしくお願いします」

「はい。涙《なみだ》だけでなく、鼻血がでるくらいのを」

スミザーさんは、笑顔でうけ合いました。

イギリスからやってきたスミザーさんが、日本人が見すごしてしまっていた日本の美しい秋を、足元から見つけだしてくれたのです。

＊日本での現実《げんじつ》との戦い

スミザーさんは、1970年、イギリス南東部、バークシャー州の田舎町《いなかまち》で生まれました。子どもの頃《ころ》の遊び場は、テムズ川のほとりにある緑豊《ゆた》かな森。ドングリを拾ったり、花や小動物にふれたり、毎日、どろだらけになって遊びました。

そんなスミザーさんは、あるとき、両親から、1冊《さつ》の本をプレゼントされました。野生の生き物がすめる庭のつくり方を解説《かいせつ》した専門書《せんもんしょ》。スミザーさんは、この本をくり返し読み、農薬や殺虫剤《さっちゅうざい》をつかわない庭づくりに関心をもちます。そして、16歳《さい》のときに、自宅《じたく》にはじめて自分で庭をつくりました。イモリなどの小さな生き物がすめるようにくふうした庭でした。

17歳《さい》で王立園芸協会の実習生に合格《ごうかく》。この協会は、200年の歴史をもつ、庭づくりや植物に関する研究のための団体《だんたい》です。スミザーさんはここで、庭づくりや植物についての勉強をはじめました。協会の植物園では、植物一つひとつに植物の学名と原産地が書かれたプレートがさしてあります。

変化に富《と》んだ葉の形。印象的な色。スミザーさんがひかれる植物の原産地を見ると、それはたいてい日本原産の植物でした。スミザーさんは、日本の植物に夢中《むちゅう》になります。

「日本では、こういう美しい植物がその辺に勝手にはえている」

そんな話を聞いて、植物の豊富《ほうふ》な日本へのあこがれをふくらませたスミザーさん。19歳《さい》のときに、思いきって日本へやってきました。

来日してすぐ目にしたのは、高速道路の両脇《りょうわき》の斜面《しゃめん》一面に、イネ科の植物の穂《ほ》がゆれている光景。イギリスではお金をはらってわざわざ植えるものでしたが、それがあたり一面にはえていました。

山を歩いてみると、ほかでは見られない日本固有の草木がいたる所に自生していました。その数、およそ2500種。

（日本は、本当に緑の国だった！）

スミザーさんは、感激《かんげき》します。

ところが、日本で庭師《にわし》として働きはじめたスミザーさんをまっていたのは、思いも寄《よ》らない現実《げんじつ》でした。スミザーさんが来日した1990年頃《ごろ》、日本では、イギリス風の庭づくりが大流行。

夏は蒸《む》し暑く、冬は寒い日本。この気候に適応《てきおう》できない外国産の植物は、すぐ弱ってしまいます。それを、大量の農薬と肥料《ひりょう》をつかってなんとか開花までもたせ、枯《か》れたらすぐに新しい苗《なえ》に植えかえる。そのくり返しでした。

スミザーさんは、「この植物は、ここの気候に合いません」と、なんども依頼主《いらいぬし》に訴《うった》えましたが、とり合ってもらえませんでした。

植物が目の前でどんどん死んでいく。スミザーさんにはつらいことでした。

「どうして、こんなところに植えるの？」

植えた植物がそう言っているような気がします。

こんなことはしたくない、と思いました。

故郷《こきょう》をはなれることを決意するほどに心ひかれた日本の草木。でも、当の日本の人たちはその価値《かち》に気づいていない……。

悲しい思いを胸《むね》に、スミザーさんの足は野山に向かいました。

野山の草花に学ぶ

そこには、ひっそりとだれにも見られることのない、貴重《きちょう》な草木が生い茂《しげ》っていました。自然にあたえられた場所で、しっかり根をはって生きています。

スミザーさんは、それらの植物を徹底《てってい》的に調べました。どんな場所でよく育つのか、明るいところか日陰《ひかげ》か、乾《かわ》いた土か湿《しめ》った土か。野山で生きる植物には、農薬も肥料《ひりょう》もつかわれていません。庭でも同じような環境《かんきょう》に植えれば、農薬も肥料《ひりょう》もつかわなくても元気に育つはず。山はスミザーさんの教科書になりました。

やがて、観察だけでは満足できなくなったスミザーさんは、東京《とうきょう》から車で2時間かかる山梨《やまなし》県で、休耕田《きゅうこうでん》を借りて実験場をつくります。そこに、水をはった湿地《しっち》、日陰《ひかげ》、乾燥地《かんそうち》などを再現《さいげん》しました。そして、さまざまな植物をいろいろな環境《かんきょう》で育ててみて、どんな場所に適応《てきおう》できるか調べたのです。

スミザーさんがそうした研究に打ちこんでいた頃《ころ》、イングリッシュガーデンブームの日本では、多くのガーデン専門誌《せんもんし》が発刊《はっかん》され、その誌面《しめん》はガーデンの華《はな》やかさがピークの状態《じょうたい》で撮《と》られた、美しい写真であふれていました。それを見た人々《ひとびと》には、一年中にぎやかに花々《はなばな》の咲《さ》きみだれるガーデンを期待されました。

(日本人は四季の移《うつ》ろいを愛でる気持ちをわすれてしまったのだろうか……?)

スミザーさんは、花は1年の短い期間しか咲《さ》かないボーナスのようなもの。それよりも葉の色、形、質感《しつかん》を中心に組み立て、長い期間楽しめる庭づくりのプランが必要なこと、日本の植物こそが環境《かんきょう》に合い、農薬や肥料《ひりょう》をつかわなくても自分の力ですこやかに育つことなどを、根気よく伝えていきました。

そして2000年、スミザーさんは、東京《とうきょう》で開かれた大規模《だいきぼ》なガーデニングショーに出展《しゅってん》しました。作品として庭をつくって見てもらうのです。

スミザーさんがつくったのは、水のまわりに日本の草花を配置した庭です。苗《なえ》はほとんどオランダから直接輸入《ちょくせつゆにゅう》しました。おかしなことですが、日本では入手困難《こんなん》だったからです。小川の水のめぐみを受け、真っすぐにのびる水辺の植物。岩陰《いわかげ》で青々《あおあお》とした葉を広げるシダ。華《はな》やかではないけれど、みずみずしく心にしみてくるような日本の原風景が、そこにはありました。この庭を訪《おとず》れ、

「なつかしい……」

「この草、子どもの頃《ころ》、よく見かけたね。なんていうんだっけ？」

と、反応《はんのう》する人々《ひとびと》に、スミザーさんはほっとしました。スミザーさんが愛する日本の草花を、同じようにすてきだと感じる人がたくさんいたのです。

スミザーさんのこの庭は、ガーデニングショーの最優秀賞《さいゆうしゅう》を受賞。日本のすばらしい草花とスミザーさんの地道な努力が、美

ⓒ Garden Rooms

ショーで受賞したスミザーさんの作品。『自然の韻《うた》が聞こえる庭』

「足元にある植物の美しさを知って欲《ほ》しい……」

しく花開いた瞬間《しゅんかん》でした。

ガーデニングショー以降《いこう》、スミザーさんの元には日本の野草をとり入れた庭づくりの依頼《いらい》がくるようになりました。公園から個人《こじん》の家の庭まで、さまざまな庭を手がけます。

身近すぎて、あらためて世話をしたり管理したりしようとすると、どうしたらよいのかわからない日本の植物。スミザーさんは、依頼主《いらいぬし》からの質問《しつもん》や相談にていねいにこたえます。野山の草花から学んだこと、実験場で確認《かくにん》したこと、すべてが生かされています。スミザーさんが光を当てた日本の草木が、いま、全国の庭で静かに命を輝《かがや》かせています。

✳守りたいもの

2013年、鳥取《とっとり》で全国都市緑化フェアが開催《かいさい》されました。このイベントでスミザーさんは、鳥取《とっとり》県と鳥取《とっとり》市と協力して、鳥取《とっとり》の都市緑化に取り組みました。都市緑化とは、都市に緑を増《ふ》やす活動です。目的は、地球の温暖《おんだん》化が進まないように、植物を増《ふ》やして気温を下げること、人間以外のいろいろな生き物の生きる場所を確《かく》保《ほ》すること、都市の景色をよくすることなど、さまざまです。

全国都市緑化フェアは毎年各地でおこなわれますが、地域《ちいき》の特色が生かされた魅《み》力《りょく》的な取り組みは、あまり多くはありませんでした。そんな中、スミザーさんの鳥《とっ》取《とり》での都市緑化は、地元鳥取《とっとり》に自生する草花を95パーセント以上用いたもので、全国的にもめずらしい取り組みとして成果を上げました。

海水と淡水《たんすい》が入り混《ま》じった汽水湖《きすいこ》である、湖山池《こやまいけ》のほとりで開催《かいさい》された緑化フェア終了後《しゅうりょう》、スミザーさんが設計《せっけい》したガーデンは公園としてのこされ、それ以外は撤去《てっきょ》されました。しかし、イベントのために鳥取砂丘《とっとりさきゅう》の砂《すな》でつくられた大型の像《ぞう》をくずしたあとに、大量の砂《すな》がのこされたままになっているところがありました。市はそこに芝生《しばふ》をしきつめる予定でしたが、スミザーさんは砂《すな》をそのままのこして砂地《すなち》として活かすことを提案《ていあん》しました。

砂地《すなち》は、水を保《たも》つことができず乾燥《かんそう》しやすいため、植物が生きるにはとてもきびしい環境《かんきょう》です。その過酷《かこく》さは、都市をおおっているコンクリートとよく似《に》ています。コンクリートも、乾燥《かんそう》して日光の照り返しがきびしく、植物には生きづらい場所。スミザーさんは、この砂地《すなち》の緑化への挑戦《ちょうせん》が、都市緑化の可能性《かのうせい》を計るよい機会になると考えていました。

このむずかしい緑化を成功させ、よい見本となることで、緑化の活動をもっと広げていきたい。スミザーさんは、大きな志《こころざし》を胸《むね》に砂地《すなち》の緑化にのぞみました。

まずは現地《げんち》の下見です。湖のほとりに無造作《むぞうさ》に放置された砂《すな》のまわりを、実際《じっさい》に歩いてみたスミザーさん。すぐに深刻《しんこく》な問題に気づきました。ところどころにはえている丈《たけ》の高い草をさししめして、市のスタッフに言います。

「いちばんこわいのは、こういう園芸品種。絶対増《ぜったいふ》える」

それは、以前おこなわれた緑化イベントでつかわれた外来種でした。繁殖力《はんしょくりょく》の強い外来種が、撤去《てっきょ》をのがれてたくましく繁《はん》殖《しょく》していたのです。

「これは、とらないとどんどん広がって、まったく風景を変えてしまうよ。本当に問題になるからね」

そう言いながら、その草をぬこうとかがみこんだスミザーさん。少しはなれたところに、指先ほどの大きさの、濃《こ》い緑色をした植物がはえているのに気がつきました。

「これは……。ハマゼリだね」

鳥取《とっとり》に自生するハマゼリという野草です。さらにその近くに、もう一種。

ハマボッス

ハマゼリ

「ああ、こっちには、リシマキアの原種のハマボッスがある」

ハマボッスは海辺の植物です。それも緑化イベントに出展《しゅってん》されたガーデンののこりでした。

注意深く観察すると、絶滅《ぜつめつ》が心配されている貴重《きちょう》な地元の植物も、たくさん見つかりました。市のスタッフをふりかえるスミザーさんの顔はうれしそうです。

「だめなものばかりと思ったけれど、案外いい植物ものこっているね」

スミザーさんの頭の中に、ここに、こうした希少な鳥取《とっとり》の海浜《かいひん》植物を中心にした草原をつくって、それを守っていく、というアイデアが浮《う》かんでいました。


下見から3か月後。スミザーさんが再《ふたた》び鳥取《とっとり》を訪《おとず》れました。3か月のうちに、例の外来種が生育範囲《はんい》を広げています。市のスタッフと砂地《すなち》を歩きながら、

「これは、広がりすぎているね。とったほうがよさそう」

と、表情《ひょうじょう》をくもらせるスミザーさん。このまま外来種が増《ふ》えていくと、せっかくの貴重《きちょう》な植物が、生きていく場所をうばわれてしまうかもしれません。

しゃがみこんで黙々《もくもく》と外来種をぬきはじめたスミザーさんは、大きく育った外来種の陰《かげ》にかくれるように、小さな鳥取《とっとり》の植物が生きているのを見つけ、

「ああ、あるある」

と、ほっとした声をだしました。

（ほとんどの人が気づかずにふんでしまうだろうな。とても貴重《きちょう》な植物なのに）

その小さな草の姿《すがた》をいとおしそうに眺《なが》めながら、スミザーさんは、あることを思いだしていました。それは、スミザーさんが手がけた庭園が、開業10年で閉園《へいえん》されたという、つらいできごとでした。

その庭園は、街の中心部にありながら、1500種類もの植物が育つ理想の庭。スミザーさんの代表作ともいわれた庭園でしたが、経営《けいえい》がなりたたなくなってしまったのです。緑の生い茂《しげ》る庭園は、跡形《あとかた》もなくこわされました。

そのときスミザーさんの心を苦しめたのは、自分の設計《せっけい》したものがなくなったことではありませんでした。

庭に生きていた生き物たちはどこへ行っただろう？　行き場をなくして、どうし

ているだろう？

そのことが気にかかり、悲しい気持ちになりました。

植物は、人間のために存在《そんざい》しているのではありません。それ自身にも命があり、そこに小さな生き物たちの命を宿しています。そのことが、わすれられてしまっている。緑を守り育てるためには、そういった自然の尊《とうと》さ、大切さを、もっとたくさんの人に伝えなければいけない。このとき、スミザーさんは痛感《つうかん》したのです。

その後もガーデンデザイナーとして、日本の自然を見つめ続けてきたスミザーさん。しかし、まだまだ日本には、その自然の豊《ゆた》かさに目を向ける人があまりにも少ないと感じるのです。

そして、日本の人々《ひとびと》に訴《うった》えたい思いがありました。

こわすのも人、守るのも人

スミザーさんは、こう語ります。

「もう少し、自分の足元の自然を大事にして欲《ほ》しいんです。世界から見たら、日本の植物の種類の豊富《ほうふ》さはとてもすばらしいこと。こんな貴重《きちょう》な自然がなくなってしまったらどうするんだろう？　人間には、環境《かんきょう》のためにできることがあります。自然にまかせたら何百年もかかることが、人間が努力したら何十年かでできちゃう、ということだってある。環境《かんきょう》をよくしようという気持ちさえあれば、あっというまにできるということを、伝えたい」

多くの人に、植物や環境《かんきょう》に関心をもち、それを守るための小さな努力をして欲《ほ》しい。長年植物と向き合ってきたスミザーさんは、そう願っていました。

２０１４年10月はじめ、鳥取《とっとり》の砂地《すなち》緑化のプロジェクトに、新しい展開《てんかい》がありました。スミザーさんが鳥取《とっとり》市に働きかけ、市民といっしょに砂地《すなち》の草とりをし、植物の苗《なえ》を植えるという活動をおこなうことになったのです。

集まったのは70人の市民。大学生から主婦《しゅふ》まで、いろいろな人がいました。

スミザーさんは参加者に、まず、とりのぞくべき外来種について説明します。

「この種類は、どんどん横に広がっていって、育ってほしい植物をだめにしてしま

砂地《すなち》の草とりをし、植物の苗《なえ》を植える地元の人々《ひとびと》。

うからぬいてください」

うなずきながら聞いている参加者たち。でもその足元には、ぬいてはいけない大事な植物もたくさんあります。

「この草は、砂《すな》が飛んでいかないようにおさえてくれるのでぬかない。そこのあなたがいまふんでいる草、それも大事なものだよ」

指さされたひとりの参加者が、あわてて足を上げます。参加者たちは笑いましたが、のこすべき植物と、ぬかなければならない植物の見分けは、かんたんではありません。おそるおそるの作業がはじまりました。

すぐに、あちこちから声があがります。

「なんだかぬくのがこわい」

「ポールさん、これは？　ぬいていいの？」

スミザーさんが走って行きます。

「これはぬかなくていい草」

スミザーさんは、一人ひとりにねばり強く教えていきます。だんだんと、参加者にも草の見分けがつきはじめました。

「この一種類は、わかるようになった」

「うん、特徴《とくちょう》がつかめてきた」

外来種の草とりのあとは、地元の希少種の苗《なえ》を植えることになりました。この希少種の特徴《とくちょう》や苗《なえ》の植え方も、スミザーさんが一から教えていきます。

スミザーさんが、草とりと苗《なえ》の植えつけをこうして熱心に指導《しどう》するのは、少しでも多くの人に植物について知ってもらい、好きになってもらうためでした。植物を守る活動を長く継続《けいぞく》させるためには、「ポールに聞かないとわからない」ではこまる。スミザーさんひとりではできることに限界《げんかい》がありますが、たくさんの人にかかわってもらえば、たくさんの植物に対する知識《ちしき》と愛情《あいじょう》が生まれ、それが活動を守ってくれるはずだとスミザーさんは考えているのです。

その考えは、まちがっていないようです。参加者のひとりが、

「どういうふうに、育っていくのかな……」

と言いながら苗《なえ》を植えたその手つきのやさしさは、スミザーさんが苗《なえ》を植えるときの手と、とてもよく似《に》ていました。


その1か月後。強風と日照りにさらされながら、砂地《すなち》の苗《なえ》はしっかりと根をはりはじめていました。

庭がめざす形になるのは2年後。小さな苗《なえ》に、スミザーさんの大きな希望が託《たく》されています。

スミザーさんの歩みと、日本の草木の命の営《いとな》みに、終わりはありません。ときには見すごされそうになりそうなほど静かに、でも確《たし》かに続いていくのです。

大事なものは、足元にある

ポール・スミザー

プロフェッショナルとは

一生懸命《いっしょうけんめい》やるのはあたりまえ。
よい仕事をするのもあたりまえ。
新しいことに挑戦《ちょうせん》して、
その結果を人に伝えることが
プロフェッショナルだと思う。

第247回2014年12月1日放送

こんなところがプロフェッショナル！

日本の風土を知りつくすポール・スミザーさん。
こんなところがすごいよ！

年月を重ねるごとに美しくなる庭

スミザーさんが庭づくりのときに好んで選ぶのは多年草。街の花壇《かだん》などによく植えられている一年草は、品種改良によってつくりだされています。見た目はきれいですが、命は１年ももちません。植物の原種に近い多年草は、華《はな》やかさはありませんが、冬を越《こ》して何年も成長し続け、年を重ねるほど美しくなります。スミザーさんのつくる庭は、年月を重ねるごとに美しくなるのです。

草木のだすサインを見のがさない

スミザーさんは、自分が手がけた庭に定期的に足を運び、メンテナンスを欠かしません。草木の成長具合を観察したり、何か具合の悪いところはないか調べたりするのです。美しい庭をつくるには、植物たちがだすサインに、どれだけ早く気づいてあげられ、動いてあげられるかが大事だと言います。

種にもやさしい!?

毎年秋になると、スミザーさんは収穫《しゅうかく》した種の殻《から》をとる作業をおこないます。1センチにも満たない小さな種の殻《から》を、ていねいにとっていきます。そして、しっかり熟《じゅく》した種を選び、冬にはひと粒《つぶ》ひと粒《つぶ》、大切にまいて苗《なえ》をつくります。

自然より自然らしい庭づくり

18年前、山梨《やまなし》県に秘密《ひみつ》の実験場をつくったスミザーさん。水をはった湿地《しっち》や日陰《ひかげ》、乾燥地《かんそうち》などを再現《さいげん》して、300種類の植物の植生をこの実験場で調査《ちょうさ》しています。実験場で植生を知りつくして庭づくりをするため、自然より自然らしい庭ができるのです。

プロフェッショナルの格《かく》言《げん》

ガーデンデザイナー、ポール・スミザーさんのことばを心にきざもう。

居《い》場《ば》所《しょ》があれば生きていける

植物でも人間でも生き物はみんないっしょ。場所さえ合っていれば、生きることができる。だから植える場所をちゃんと理解《りかい》して、選んで植えてあげないといけないとスミザーさんは言います。

2年、3年、10年、15年単位で考える

ほとんどの庭は、いまきれいにしなければならないと考えて植えられています。でもスミザーさんは、2年、3年、10年、15年の単位で考えます。そう考えることができれば、庭はもっときれいに変わると言います。

大事なものは、足元にある

日本にはとても豊富《ほうふ》な種類の植物がある。でもその豊《ゆた》かな自然に気がついている人は少ない。もっと足元に目を向け、植物や環《かん》境《きょう》に興《きょう》味《み》をもって、尊《とうと》い自然を大事にして欲《ほ》しい。スミザーさんの願いです。

肝心《ちむぐくる》が、心の旅を生む

バスガイド

崎《さき》原《はら》真《ま》弓《ゆみ》

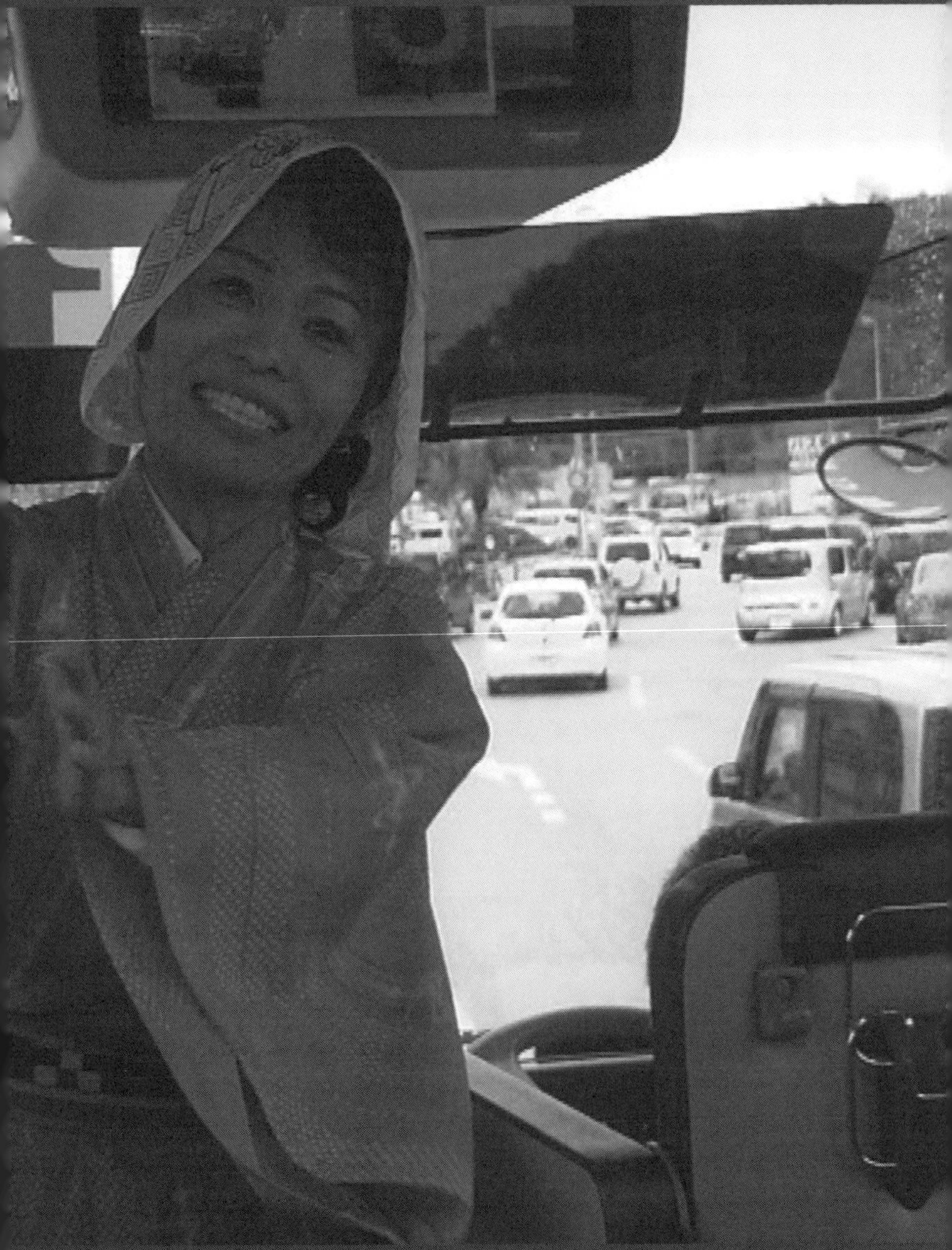

年間６００万人が訪《おとず》れる観光地、沖縄《おきなわ》に、
２年先まで予約が入るという、カリスマバスガイドがいる。
ガイド歴30年の大ベテラン。
小学生からお年よりまで、だれからも愛される旅の案内人だ。
とびきりの明るさとくふうをこらした演出《えんしゅつ》で、旅を楽しくもり上げる。

しかし一方で、沖縄《おきなわ》の人間としての使命をわすれず、
故郷《こきょう》沖縄《おきなわ》の、歴史の奥《おく》に秘《ひ》められた悲しみを、ていねいに伝える。
旅人たちの胸《むね》にきざまれる、わすれがたい思い出。
彼女《かのじょ》のもてなしの秘密《ひみつ》は「肝心《ちむぐくる》」。
そしてその「肝心《ちむぐくる》」をもって、旅の中で伝えたいことがあるという。
その旅とはどのようなものなのだろうか。
カリスマガイドの旅に同行してみよう。

✳「肝心《ちむぐくる》」のガイド

青い空と、青い海の広がる沖縄《おきなわ》。

那覇《なは》市から10キロほど南にあるのが、沖縄《おきなわ》本島の南の端《はし》、糸満《いとまん》市です。市内の小さなプレハブ小屋の事務所《じむしょ》で、しきりに空を見上げて天気を気にしている女性《じょせい》がいます。

バスガイドの崎原真弓《さきはらまゆみ》さん。

崎原《さきはら》さんは、日本中から指名が殺到《さっとう》する人気のバスガイドです。おなじみのお客さんや、評判《ひょうばん》を聞きつけた人から次々《つぎつぎ》に申しこまれる旅の予約で、2年先まで予定が入っています。

事務所《じむしょ》に入ると、まず、神様に安全を祈《いの》るのが崎原《さきはら》さんの日課です。

崎原《さきはら》さんのつとめ先は、バスガイド11人の小さな会社。社員が出勤《しゅっきん》し、朝礼がはじまりました。てきぱきと連絡事項《れんらくじこう》などを伝えるのは、崎原《さきはら》さんです。崎原《さきはら》さんは、この道30年のベテラン。現役《げんえき》のガイドとしてバスに乗りながら、後輩《こうはい》ガイドの教育も担当《たんとう》しています。

朝礼の最後、ウォーミングアップがわりに全員で歌を歌います。

「笑顔で！」

崎原《さきはら》さんは、率先《そっせん》して明るい笑顔で歌います。

＊＊＊

修学《しゅうがく》旅行シーズンに入り、崎原《さきはら》さんたちガイドは大いそがしです。

この日崎原《さきはら》さんは、鹿児島《かごしま》の小学校六年生の修学《しゅうがく》旅行バスを受けもちました。

3日間の日程《にってい》で、観光名所である首里城《しゅりじょう》などをまわり、沖縄《おきなわ》の文化にふれる旅が予定されています。

バスに乗った子ども全員に深い思い出をのこしたい。

つねにそう心がけている崎原《さきはら》さんには、独自《どくじ》の方法があります。

初日の朝。

子どもたちがバスに乗りこんで落ち着くと、

「おはようございます」

と、まずは明るくていねいなあいさつをします。そして、その後すぐに「修学旅行《しゅうがく》のテーマソング」を披露《ひろう》しました。朗《ほが》らかな美しい歌声。これで旅の気分をもり上げるのです。

歌が終わると、見えてくるのは美しい海。すかさず、子どもたちの視線《しせん》を海に向けさせます。現在《げんざい》の沖縄《おきなわ》の海のにぎわいと、海が戦場になった歴史を紹介《しょうかい》して、それがすむと、再《ふたた》び歌。

乗車中、崎原《さきはら》さんはけっして休みません。バスで通過《つうか》する名所や見どころについてよどみなく説明しながら、合間を歌でつないでいきます。その流れるような進行の秘密《ひみつ》は、台本のような進行表です。

崎原《さきはら》さんは、ルートの下見をし、実際《じっさい》にバスが走るスピードとかかる時間にあわせて、何の説明に何分、歌を何分と、分きざみの構成《こうせい》の進行表をつくります。こうしたていねいな準備《じゅんび》は、乗客を退屈《たいくつ》させないためのくふうです。

細かく気配りされた雰囲気《ふんいき》づくり。子どもたちの心がその雰囲気《ふんいき》にとけこみ、自然に崎原《さきはら》さんといっしょに歌いはじめました。にっこりと笑う崎原《さきはら》さん。崎原《さきはら》さんが、ガイドをする上で何よりも大切にしていることがあります。

深く思いやる心

それは、「肝心《ちむぐくる》」のおもてなし。「肝心《ちむぐくる》」とは、沖縄《おきなわ》のことばで、体の奥深《おくふか》くからわきでる、相手を思いやる心のこと。崎原《さきはら》さんの仕事における「肝心《ちむぐくる》」は、出会った人に少しでも楽しい時間をすごしてもらうために、全力をそそぐということです。

崎原《さきはら》さんは、歌の間奏《かんそう》で、歌い手をバスに乗った子どもに交替《こうたい》させます。

「はい、ハヤト君、前にでてきて。だいじょうぶ、だいじょうぶ」

生徒の名前をひとりずつおぼえ、話しかけ、もり立てていきます。

指名され、マイクをもたされて、照れくさそうに歌いはじめた生徒。崎原《さきはら》さんは、雰囲気《ふんいき》に乗れていない子どもはいないか目を配り、もっと楽しい時間にするために、できることを探《さぐ》ります。

「はい、みなさん、手拍子《てびょうし》してあげましょうね」

声をかける崎原《さきはら》さん。手拍子《てびょうし》がおこり、それにはげまされるように歌声がだんだん大きくなっていきました。元気な歌声につられて、手拍子《てびょうし》の子どもたちも笑顔になっていきます。

崎原《さきはら》さんには、旅先に沖縄《おきなわ》を選んでくれた人たちに、できるかぎりのことをしたい、という熱い思いがあります。

気配り、目配り、心配り。一生懸命《いっしょうけんめい》につくす。それが、崎原《さきはら》さんの「肝心《ちむぐくる》」です。深い心で、これ以上はもうふくらまないというくらいのおもてなしをすると、決めています。

歌が終わると、マングローブが見えてきました。崎原《さきはら》さんの声がひびきます。

「左を見て。マングローブです」

「わっ、すごーい！」

「はじめて見た！」

窓《まど》の外のマングローブに見入る子どもたち。反応《はんのう》が生き生きしてきました。崎原《さきはら》さんの説明に集中して聞き入ります。

崎原《さきはら》さんの「肝心《ちむぐくる》」が、子どもたちの旅をしっかりと導《みちび》いていました。

車中の崎原《さきはら》さんが、すばやく着替《きが》えはじめました。着替《きが》えたのは沖縄《おきなわ》のお年よりの衣装《いしょう》。手ぬぐいもかぶっています。そして、さっきまでのはりのある元気な声とはまったくちがう、おばあさんの声で話しはじめました。その変身ぶりは女優《じょゆう》さんのようです。

「急におばあさんに変わりましたけれど、みなさんに、ぜひ戦争のおそろしい実態《じったい》を知って欲《ほ》しいからね。沖縄本島《おきなわほんとう》のおばあ（沖縄《おきなわ》のことばで「おばあさん」のこと）が実際《じっさい》に見た、戦争のことをみなさんにお話しします」

これから、太平洋《たいへいよう》戦争の沖縄《おきなわ》戦を生きぬいたおばあの証言《しょうげん》を、ひとり語りで話すのです。

沖縄《おきなわ》への修学《しゅうがく》旅行の目的には、平和学習がふくまれています。沖縄《おきなわ》は、太平洋《たいへいよう》戦争中、日本で唯一《ゆいいつ》、アメリカ軍が上陸し、地上戦がおこなわれた場所だからです。

崎原《さきはら》さんたち沖縄《おきなわ》のバスガイドにとって、沖縄《おきなわ》戦を語り、戦争のおそろしさや悲し

おばあの衣装《いしょう》で話をする崎原《さきはら》さん。

さを伝えることも、大切な仕事のひとつです。

崎原《さきはら》さんが語りだしたのは、バスに乗っている小学生と同じくらいの年の子どもたちの話でした。

船で九州《きゅうしゅう》に疎開《そかい》することになった子どもたち。修学《しゅうがく》旅行気分で船に乗りこみましたが、その船は、途中《とちゅう》でアメリカ軍の攻撃《こうげき》を受けます。子どもたちは、あっというまに船ごと海にしずんで死んでしまいました。将来《しょうらい》への夢《ゆめ》や希望をいだいていたのに……。

沖縄《おきなわ》の方言まじりで、しみじみと語られる痛《いた》ましい過去《かこ》のできごとに、子どもたちは、真剣《しんけん》な表情《ひょうじょう》で聞き入ります。

崎原《さきはら》さんが伝えたいのは、目に映《うつ》る美しい

風景の奥《おく》にある「思い」です。見えないものを伝えることにこそ、ガイドの使命があると、崎原《さきはら》さんは考えています。

心で心を伝える

沖縄《おきなわ》のガイドが伝えるべき心について、崎原《さきはら》さんはこう話します。

「ただ戦争の歴史を語るのではなくて、そこにいた人たちの思いを、自分の心で感じてもらえるようにしたいと思うんです。傷《きず》ついた沖縄《おきなわ》の人たちの心を、自分の身におきかえて、感じて欲《ほ》しい」

それを伝えるのが、沖縄《おきなわ》のガイドの責任《せきにん》。そう考える崎原《さきはら》さんは、そのための努力をおしまないのです。

バスの窓《まど》の外には、沖縄《おきなわ》の美しい海。崎原《さきはら》さんの心をこめた語りを聞いた子どもたちは、その悲しい歴史をいだく海をじっと見つめていました。

バスをおりても、崎原《さきはら》さんの仕事は終わりません。

宿泊《しゅくはく》先のホテルでは、子どもたちに沖縄《おきなわ》の踊《おど》りを指導《しどう》します。ほかのガイドたちとともに沖縄《おきなわ》の伝統的《でんとうてき》な衣装《いしょう》を身につけ、子どもたちの前に立って、沖縄《おきなわ》を題材にした音楽『紅芋娘《べにいもむすめ》』にあわせて地元の踊《おど》りの見本を見せる崎原《さきはら》さん。

「踊《おど》るときは、指先で心を表現《ひょうげん》しますよ」

沖縄《おきなわ》の踊《おど》りの独特《どくとく》な指先の動き。子どもたちはその動きを目で追っています。崎《さき》原《はら》さんが、大きな声でよびかけました。

「踊《おど》りたい人、いますかー？」

「はーい！」

たくさんの声が返ってきます。数人の子どもたちが、崎原《さきはら》さんの後ろに並《なら》んで踊《おど》りはじめました。

じょうずに踊《おど》る子も、ちょっとぎこちない子もいます。座《すわ》って踊《おど》りを見ている子どもたちも、笑ったり、手拍子《てびょうし》をしたり。みんな楽しそうです。

沖縄《おきなわ》らしい、陽気でにぎやかな夜になりました。


修学旅行《しゅうがくりょこう》が最後の時間をむかえました。楽しさと悲しい記憶《きおく》を共有した3日間が

子どもたちとの別れをおしむ崎原《さきはら》さん。

終わります。

天気は雨。バスの乗降口《じょうこうぐち》に立ち、おりてくる子どもたちに傘《かさ》をさしかけ、一人ひとり、名前でよびかける崎原《さきはら》さん。

「ありがとう。ありがとうね」

出会いの喜びと、別れのさびしさが声ににじみます。

バスが空っぽになり、子どもたちがフェリーに乗りこみました。

崎原《さきはら》さんたちガイドが、雨の船着き場に並《なら》んで、みんなでいっしょに練習したあの『紅芋《べにいも》娘《むすめ》』を踊《おど》って、子どもたちを見送ります。

「ちばらやー。またやーたい（がんばってね。またきてね）」

大きく手をふる崎原《さきはら》さん。フェリーの甲板《かんぱん》に並《なら》んだ子どもたちも手をふり返します。笑顔も、泣き顔も見えます。ともにした時間はわずか3日。でも、崎原《さきはら》さんの「肝心《ちむぐくる》」は、子どもたちの心にしっかりとふれていました。

崎原《さきはら》さんは、大きな目を涙《なみだ》でいっぱいにしながら手をふり続けます。

フェリーが遠ざかり、子どもたちの顔が見えなくなっても、船の姿《すがた》が岬《みさき》の向こうにすっかりかくれてしまうまで、崎原《さきはら》さんたちは船着き場に立ち続けました。

涙《なみだ》をふいた崎原《さきはら》さんは、

「つらいですね。本当に。でもこれは、よい切なさ。出会えてよかった」

と笑顔を見せました。

✳天職《てんしょく》になるまで

「バスガイドは天職《てんしょく》」

と言う、崎原《さきはら》さん。しかし、そう言えるようになるまでには、自分と戦い続ける、

肝心《ちむぐくる》が、心の旅を生む

崎原真弓《さきはらまゆみ》

葛藤《かっとう》の長い年月がありました。

崎原《さきはら》さんは、沖縄《おきなわ》の離島《りとう》、久米《くめ》島に生まれました。実家は、サトウキビ農家。あまり裕福《ゆうふく》な家ではなく、木を拾ってきては庭で燃《も》やして木炭にし、それを売って生活費を補《おぎな》っていたといいます。

子どもの頃《ころ》の崎原《さきはら》さんには、コンプレックスがありました。内気で、知らない人と話をするのが大の苦手。そういう自分がきらいでしたが、どうしても克服《こくふく》できないまま思春期をすごしました。

そんな崎原《さきはら》さんに試練が訪《おとず》れます。高校を卒業する頃《ころ》、お父さんがたおれました。教員になりたくて大学も決まっていましたが、突然《とつぜん》社会にでて働かなければならなくなったのです。急なことだったので、就職口《しゅうしょくぐち》もほとんどありません。銀行の試験を受けましたが不合格《ふごうかく》。あまりのショックにおしいれにこもり泣き続けました。でも、逃《に》げ道はありません。

そこでバスガイドをしていた姉のすすめで、崎原《さきはら》さんはしかたなくガイドとして働きはじめました。

お客さんを楽しませようと、必死でがんばる崎原《さきはら》さん。明るくふるまい、毎日毎日、一生懸命《いっしょうけんめい》、歌を歌いました。

でも、どんなに努力をしても、内気な自分からぬけだすことはできませんでした。お客さんにつまらなそうな顔をされるたびに、自信をなくして落ちこみます。

8年間がんばりましたが、結局、崎原《さきはら》さんはガイドをやめました。そして、逃《に》げだすように、お兄さんをたよって岐阜《ぎふ》に移《うつ》りました。

岐阜《ぎふ》で、事務《じむ》の仕事をはじめた崎原《さきはら》さん。おだやかな毎日を送れると思っていましたが、しばらくすると、また悩《なや》みはじめます。

(ガイドをしていた頃《ころ》の、必死で自分の殻《から》を破《やぶ》ろうとしていたわたしのほうが、よかったんじゃないだろうか? 苦しかったけれど、いまのわたしよりずっとずっと輝《かがや》いていたような気がする……)

そんな崎原《さきはら》さんは、ある日、偶然《ぐうぜん》、街でバスガイドが働く姿《すがた》を見かけました。その姿《すがた》が心にのこり、家に帰ってから、バスガイド時代によく歌っていた歌をひとりで歌ってみると、涙《なみだ》があふれてきました。

頭の中に、バスガイド時代の自分の姿《すがた》がよみがえっていました。崎原《さきはら》さんは、自分がバスガイドをしていたときの自分をとても好きだったということに、はじめて気づいたのです。お客さんを楽しませようと、一生懸命《いっしょうけんめい》努力していた自分。自分の殻《から》を破《やぶ》ろうと、必死になっていた自分。

涙《なみだ》が止まりませんでした。

まもなく、崎原《さきはら》さんは沖縄《おきなわ》にもどり、結婚《けっこん》してふたりの子どもにめぐまれました。そして育児が一段落《いちだんらく》したとき、崎原《さきはら》さんは、バスガイドの仕事にもどります。

バスガイドとして復帰《ふっき》した崎原《さきはら》さんは、仕事のために猛《もう》勉強をはじめました。少しでもお客さんに話す内容《ないよう》を深めたいと図書館にかよい、徹底的《てっていてき》に沖縄《おきなわ》の歴史を学びます。勉強をするうちに、気づいたことがありました。

沖縄《おきなわ》の人は、たくましい。

江戸《えど》時代、薩摩藩《さつまはん》の支配《しはい》の下《もと》、武器《ぶき》をとり上げられた沖縄《おきなわ》の人々《ひとびと》は、武器《ぶき》をもたずに戦える空手を発達させました。権力《けんりょく》でおさえつけられても、けっして下を向きませんでした。

そして、あの太平洋《たいへいよう》戦争。沖縄《おきなわ》の人々《ひとびと》は、アメリカ軍の収容所《しゅうようじょ》に入れられても、空き缶《かん》で三線《さんしん》(三味線《しゃみせん》に似《に》た沖縄《おきなわ》の楽器)をつくり、音楽を演奏《えんそう》して踊《おど》ったのです。

(沖縄《おきなわ》を訪《おとず》れた人たちに、このたくましさを伝えたい)

そう考えた崎原《さきはら》さんは、調べた沖縄《おきなわ》の歴史のエピソードを台本としてまとめ、それを、ガイド仲間といっしょに演劇《えんげき》として上演《じょうえん》してみました。そのとき、こみ上げてきた熱い思い。その気持ちを、崎原《さきはら》さんはこうふりかえります。

「かつての沖縄《おきなわ》の人々《ひとびと》は、とてもつらく苦しい暗い歴史を乗りこえて生きました。『沖縄の人《うちなんちゅ》』は、本当にたくましい精神力《せいしんりょく》があって、前向きで明るい。その生き方に、『ああ、沖縄《おきなわ》の人って、すごいなあ』とつくづく思ったんです。わたしの体にも沖縄《おきなわ》の人の血が流れているんだから、考え方を変えていこうと思いました。たくましく生きなければ」

たとえ、困難《こんなん》があっても、心次第で、明るく生きていくことができる。

そう考えるようになってから、崎原《さきはら》さんは変わりました。かつての、自信のもてない内気な自分を、乗りこえたのです。

そして、いま、沖縄《おきなわ》に伝わるあることばを大切にしています。

「まくとぅそーちーねー、なんくるないさ」

真心をもって生きていけば、必ず道は開かれる、という意味です。このことばの中に、崎原《さきはら》さんは、けっしてうつむかない沖縄《おきなわ》の誇《ほこ》りを感じています。

その誇《ほこ》りを胸《むね》に、いま崎原《さきはら》さんは、「バスガイドは天職《てんしょく》」と言いきるのです。

✳希望の旅へ

崎原《さきはら》さんたちに、大きな仕事が入ってきました。岡山《おかやま》からやってくる、中学生300人の団体客《だんたいきゃく》。修学《しゅうがく》旅行です。

以前に、崎原《さきはら》さんたちが、同じ市内の別の中学校の旅行をガイドしたことがあり、その中学校から評判《ひょうばん》を聞いて指名してきたのです。

沖縄《おきなわ》への修学《しゅうがく》旅行に備《そな》え、とくに平和学習に力を入れて、事前の勉強をしているという中学生たち。学校側の意欲《いよく》にこたえなくては、と崎原《さきはら》さんたちガイドも力が入ります。バス８台の大きな団体《だんたい》旅行。崎原《さきはら》さんは、ガイド全員で力をあわせて、この旅行をすばらしいものにしようと決心していました。

ある朝、１台のバスに、崎原《さきはら》さんたちガイドが次々《つぎつぎ》に乗りこんでいきました。岡山《おかやま》の中学生の修学《しゅうがく》旅行のための、下見に向かうのです。実際《じっさい》のルートを回りながら、本番と同じようにガイドのリハーサルもおこないます。後輩《こうはい》の指導《しどう》をまかされている崎原《さきはら》さんにとっては、後輩《こうはい》たちのガイドをチェックする大事な時間でもあります。

ひとりの後輩《こうはい》ガイドがガマの説明をはじめました。ガマとは洞窟《どうくつ》のこと。沖縄《おきなわ》では、太平洋《たいへいよう》戦争のとき、ガマが防空壕《ぼうくうごう》や避難《ひなん》場所としてつかわれました。そして、アメリカ軍が上陸してきたとき、各地のガマに避難《ひなん》していた多くの一般人《いっぱんじん》が、捕虜《ほりょ》になることをおそれ、その中で死の道へ追いやられたという、むごい歴史ののこる場所です。

ガマの説明のリハーサルをするうちに、感情《かんじょう》的になって涙《なみだ》ぐみ、声をつまらせてしまった後輩《こうはい》ガイド。崎原《さきはら》さんは、気持ちはよくわかりましたが、落ち着きも必要だと考えています。

今回の旅行でむずかしいのは、こういった平和学習の際《さい》の雰囲気《ふんいき》づくりです。子どもたちの集中力、真剣《しんけん》さをひきださなければ、意義《いぎ》のある平和学習になりません。しかし、それがいきすぎると、せっかくの修学《しゅうがく》旅行が重苦しいものになってしまいます。

崎原《さきはら》さんは、マイクをもって、後輩《こうはい》たちに話しはじめました。

「戦争の話で大事なのは、むすびです。話じたいがとても重いので、子どもたちの気持ちも重くなってしまっています。だから、話をしめくくるときの声は、未来に向かうという、もう少し明るさをもった声にしないといけないです。元気よく、というのではなくて、声に希望をもって。それを心がけて話していきましょう」

場面ごとに、どんな声のトーンがふさわしいか、一つひとつ、細かく指導《しどう》する崎《さき》原《はら》さん。後輩《こうはい》ガイドたちは、先輩《せんぱい》の仕事の秘訣《ひけつ》を熱心に聞いていていました。

崎原《さきはら》さんには、今回の旅行を前に、どうしても会っておきたい人がいました。安《あ》里要江《さととしえ》さん。崎原《さきはら》さんが尊敬《そんけい》している、大好きな沖縄《おきなわ》のおばあです。

安里《あさと》さんは、24歳《さい》のときに、沖縄《おきなわ》戦を経験《けいけん》しています。崎原《さきはら》さんは、今回の旅行の仕事の前に、後輩《こうはい》たちを安里《あさと》さんに会わせたいと考え、下見の途中《とちゅう》で安里《あさと》さんを訪問《ほうもん》することにしたのです。

90歳《さい》を超《こ》える安里《あさと》さんは、崎原《さきはら》さんたちを元気にむかえました。温かい笑顔と明るい声の、いかにも沖縄《おきなわ》らしい陽気なおばあ。

しかし、沖縄《おきなわ》戦の話をはじめると、表情《ひょうじょう》が一変しました。

安里《あさと》さんは、爆撃《ばくげき》からのがれるため、ふたりの子どもを連れてガマに逃《に》げこみましたが、そこで、生後9か月の赤ちゃんを失いました。赤ちゃんは、餓死《がし》でした。安里《あさと》さん自身が、長びく戦争による食糧《しょくりょう》不足で栄養が十分にとれていなかったため、お乳《ちち》がでなくなってしまっていたのです。お乳《ちち》のでない胸《むね》にだかれて死んでいった赤ちゃん。安里《あさと》さんの悲しみは深いものでした。

安里《あさと》さんの思いをしっかり受《う》け継《つ》ぎ、手を握《にぎ》る崎原《さきはら》さん。

「何も見えないガマの暗闇《くらやみ》の中で、我《わ》が子の冷たくなっていく体を、一生懸命《いっしょうけんめい》なで回しましたよ。生き返らせるために、ほかになんの方法もありませんでした。『ごめんね。あなたを戦争のときに産んで、ごめんね』と謝《あやま》りました……。わたしが話したことは、本物です。うそではありません。これをみなさんに伝えてください」

話に聞き入っていたガイドたちは、涙《なみだ》を流しています。崎原《さきはら》さんも、赤くなった目をぬぐいました。

崎原《さきはら》さんが、安里《あさと》さんの手を握《にぎ》りました。

「あらためて、命は宝《たから》ですね。みんなでこの思いをちゃんと受《う》け継《つ》いで語っていきたいと思います。本当に、ありがとうございました。どうか長生きしてくださいね、120歳《さい》まで」

安里《あさと》さんが、笑ってこたえます。

「自分の芯《しん》の強さはね、自分でみとめております。だから、いまもこうして生きてる」

「あやかって、わたしたちも、たくましく、明るく、がんばって伝えていきます」

崎原《さきはら》さんは、いつまでもしっかりと安里《あさと》さんの手を握《にぎ》っていました。

今回の旅行のテーマが決まりました。

命《いのち》こそ宝《たから》

このことをしっかり伝えなければなりません。安里《あさと》さんの悲しみと、それを乗りこえて生きた命の強さを、伝える。

崎原《さきはら》さんは、そう決めました。

いよいよ、岡山《おかやま》から300人の中学生がやってきました。

肝心《ちむぐくる》が、心の旅を生む

崎原真弓《さきはらまゆみ》

朝5時におきて、6時間半かかって沖縄《おきなわ》に到着《とうちゃく》した中学生たちを、崎原《さきはら》さんたちは、笑顔で出むかえます。そして、バスが動きだすと、いつものように、明るくていねいなあいさつから、ガイドをはじめました。

バスは、予定のルートを回り、崎原《さきはら》さんは、見どころの説明や歌で、車内の雰囲《ふんい》気《き》をつくっていきます。旅は順調に進んでいました。

ところが、首里城《しゅりじょう》の見学中、ハプニングがおきました。生徒のひとりが、体調をくずしたのです。病院に連れて行かなければなりません。崎原《さきはら》さんがタクシーの手配に走ります。

幸い、生徒の状態《じょうたい》はそれほど悪くありませんでしたが、対応《たいおう》が終わるまでの想定外のまち時間のあいだに、車内の生徒たちの雰囲気《ふんいき》が変わってしまいました。早朝におき、長距離《ちょうきょり》を移動《いどう》してきた生徒たち。つかれも見えはじめていました。

しかし、あと10分ほどで平和学習に入らなければなりません。それまでに生徒を集中して話を聞く態勢《たいせい》にもどせるか。崎原《さきはら》さんの腕《うで》の見せどころです。

崎原《さきはら》さんは、歌を歌うことにしました。平和学習までのわずかな時間をつかって、生徒たちにもなじみのある歌で、生徒たちの気持ちをもり上げようとしています。崎原《さきはら》さんが用意した歌には、囃子《はやし》ことばが入ります。この囃子《はやし》ことばで、生徒たちに歌に参加してもらうことにしました。いっしょに歌うことで、一度ゆるんでしまった気持ちを、もう一度元気にさせたいと考えているのです。崎原《さきはら》さんははりのある声で、囃子《はやし》ことばの部分を歌ってみせます。

「イーヤーサーサー、スイ、スイ、スイ、スイ、スイ、スイ、です。スイは6回。はい、練習してみましょう。せーの！」

崎原《さきはら》さんの指揮《しき》でなんどか囃子《はやし》ことばをくり返すうちに、少しだるそうだった生徒たちの表情《ひょうじょう》が生き生きとしてきました。すかさず崎原《さきはら》さんは音楽をかけ、歌いだします。そして合図をして、生徒たちに囃子《はやし》ことばを歌わせます。崎原《さきはら》さんの歌と、生徒たちの囃子《はやし》ことばが、ぴったりと重なりました。楽しそうに声をあわせる生徒たち。

わずか10分。崎原《さきはら》さんは、みごとに車内の雰囲気《ふんいき》をつくり直してしまいました。歌が終わると、バスは、平和学習をはじめる予定の場所にさしかかりました。崎《さき》

原《はら》さんは、声をあらため、

「では、このあたりから気持ちを切りかえて、平和学習に入らせていただきます」

と言いました。ここから、一気に、戦争と向き合う空気をつくっていきます。

崎原《さきはら》さんは、目の前の景色の奥《おく》にある、沖縄《おきなわ》の深い思いを、命の重みを、生徒たちに伝えられるでしょうか。


崎原《さきはら》さんは、おばあの衣装《いしょう》に着替《きが》えました。そして、生徒たちの前に立って、おばあとして語りはじめます。

語るのは、戦争中、おばあが若《わか》い母親だった頃《ころ》の話です。

爆撃《ばくげき》を受けて、赤ちゃんと4歳《さい》の子どもを連れて逃《に》げ、命からがらガマへたどりついたおばあ。ところが、そこで、子どもが泣きだしてしまいました。つられて赤ちゃんも泣きだします。ガマの奥《おく》から、かくれていた人がでてきて、子どもを泣きやませろとせまります。敵《てき》の兵隊に見つかってしまうことを、おそれているのです。

赤ちゃんの頭に銃《じゅう》がつきつけられます。崎原《さきはら》さんは、おばあになりきり、若《わか》い母親だった遠い過去《かこ》の自分を見つめて、最後の部分を語りました。

「おそろしくなって、わたしは、力いっぱい赤ちゃんをだきしめました。そのまま、どれくらい時間が流れたかわかりません。異変《いへん》を感じて赤ちゃんの口元にてのひらを当てたときには、もう、赤ちゃんの息はありませんでした……」

崎原《さきはら》さんは、10分間、心をこめて語りつくしました。

車内は静まり返っています。

生徒たちの心に、ガマの入り口に立ちつくす親子の姿《すがた》は、どのようにえがかれているのでしょうか。我《わ》が子《こ》に銃《じゅう》をつきつけられ、その子を腕《うで》の中で死なせてしまった母親の気持ちは、どのように想像《そうぞう》されているのでしょうか。

バスが、見学予定地のガマに到着《とうちゃく》しました。生徒たちが懐中《かいちゅう》電灯を手に、真っ暗なガマの中に入っていきます。

(十分な心の準備《じゅんび》をさせてあげられただろうか?)

崎原《さきはら》さんの胸《むね》には、少し不安がのこっていました。

40分後。ガマからでてきた生徒たちの表情《ひょうじょう》を見て、崎原《さきはら》さんは、

真っ暗なガマの中へ入っていく生徒たち。

（伝わった……）

と感じました。もどってきた生徒たちの中には、涙《なみだ》ぐんでいる子もいます。

　かつて、ここでおこったこと。失われた命や未来のこと。深い悲しみ。亡《な》くなった人、生きのこった人の思い。それを生徒たちは、自分の心で受けとっていました。

　崎原《さきはら》さんは、暗いガマから明るい空の下にもどってきた生徒たちに、

「おつかれさま。笑顔を届《とど》けにきてくれてありがとう。亡《な》くなった人たちも、きっと喜んでいるよ」

と声をかけました。

そして、旅の最後の夜。

この旅で、大切なことを伝えきった崎原《さきはら》さんたちは、最後に、生徒たちにとびきり楽しい時間をすごしてもらおうと考えていました。

宿泊先《しゅくはくさき》のホテルの大きな集会室に生徒全員を集めての、歌と踊《おど》りの時間。スタッフ総出《そうで》のライブでもり上げます。

中心は、もちろん崎原《さきはら》さん。生徒たちの前に立って、

「衣装《いしょう》を着て、いっしょに踊《おど》ってみたい人！」

とよびかけます。生徒が次々《つぎつぎ》と手を上げ、走りだしてきました。衣装《いしょう》を身につけ、見よう見まねで、崎原《さきはら》さんたちといっしょに踊《おど》りだす生徒たち。

「さあ、思いっきり弾《はじ》けましょう！　最後の夜、カチャーシーです！」

「カチャーシー」の語源《ごげん》は、「かきまぜる」を意味する沖縄《おきなわ》のことば「カチャースン」。お祭りやお祝いごとの最後に、みんなで踊《おど》る踊《おど》りのことです。そのことばを合図に、300人の生徒たちが、いっせいに踊《おど》りはじめました。

集会室に笑顔が満ちています。いまという時間を楽しみ、精《せい》いっぱい生きる美し

カチャーシーでもり上がる集会室。

い笑顔です。腕《うで》を上げ、腰《こし》をふり、くるくると回り、踊《おど》るほどに、自然に曲に合いの手を入れる声もでてきます。生徒たちにとり囲まれて、小がらな崎原《さきはら》さんの姿《すがた》は、もう見えません。崎原《さきはら》さんたちガイドと、生徒たちが、心をひとつにして歌い、踊《おど》ります。

楽しい時間が終わりに近づいたとき、思いがけないことがおこりました。引率《いんそつ》の先生の合図とともに、突然《とつぜん》生徒たちが校歌を歌いはじめたのです。

崎原《さきはら》さんたちへの、お礼の歌でした。

その歌声を聞く崎原《さきはら》さんの目に、涙《なみだ》があふれます。心と心がふれ合っていることを、確《たし》かに感じました。

「感動させられてしまいました。今夜は眠《ねむ》れないかも」

涙《なみだ》をふきながら、崎原《さきはら》さんは、笑いました。


崎原《さきはら》さんは、この旅行の最後に、こんなふうに話しました。

「生徒さんたちには、沖縄《おきなわ》の生きる力が伝わっているといいな、と思います。これからの人生の中で、大変なことにぶつかったとき、『そういえば、あの沖縄《おきなわ》の人たちも、がんばって生きたんだよなあ。自分も負けていられないな』って、前向きな気持ちになれるように。この旅をとおして、沖縄《おきなわ》がそういう心のふるさとのようになっていたら、うれしいです」

生きる力になる旅。沖縄《おきなわ》の「肝心《ちむぐくる》」をつくして、崎原《さきはら》さんは、これからもたくさんの旅を導《みちび》いていきます。

プロフェッショナルとは

いちばん大切なのは、心だと思います。
すべての人たちに、感謝《かんしゃ》の気持ちをもって、
真心をこめておもてなしをする。
それがプロフェッショナルだと思います。

第208回2013年7月22日放送

こんなところがプロフェッショナル！

日本中から指名が殺到《さっとう》するバスガイド崎原《さきはら》真弓《まゆみ》さん。
こんなところがすごいよ！

旅の終わりはいつも涙《なみだ》

ガイド歴30年の大ベテランの崎原《さきはら》さん。それでも旅の終わりの別れ際《ぎわ》はいつも涙《なみだ》があふれるそうです。「肝心《ちむぐくる》」のおもてなしは、お客さんの心にものこり、お客さんにも涙《なみだ》があふれます。

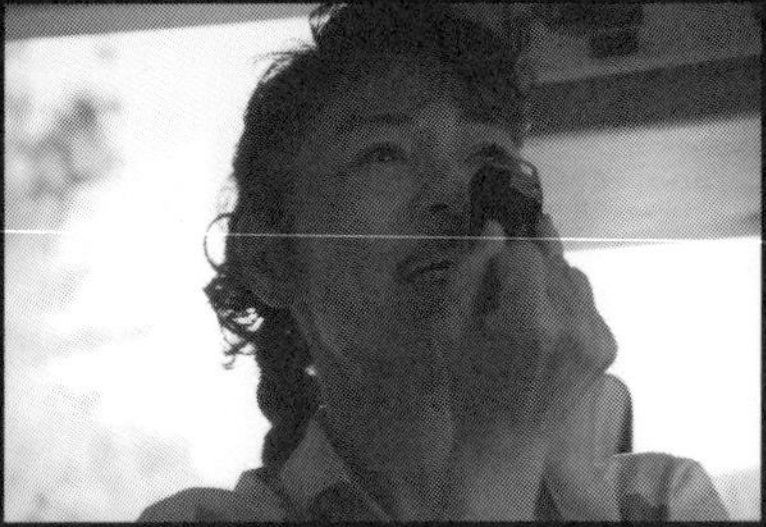

乗車前の準備《じゅんび》は緻密《ちみつ》！

案内がない日、崎原《さきはら》さんは実際《じっさい》のコースを試走して、分単位でガイドの構成《こうせい》を考えます。沖縄《おきなわ》の旅を心に深くきざんでもらえるよう、できるかぎりのことをするのです。

琉球《りゅうきゅう》空手は黒帯！

バスの中では舞《ぶ》踊《よう》、民謡《みんよう》、手話も披露《ひろう》します。中でも空手は、中途半端《ちゅうとはんぱ》にするのは失礼だと、実際《じっさい》に琉球《りゅうきゅう》空手の道場にかよって黒帯（初段《しょだん》）をとりました。いまも道場にかよって練習にはげんでいます。

おばあになってひとり語り

バスの中で披露《ひろう》するおばあのひとり語りは、琉球《りゅうきゅう》王朝時代から太平《たいへい》洋《よう》戦争まで、ルートやお客さんにあわせて物語を演《えん》じ分けます。修《しゅう》学《がく》旅行の子どもたちには、沖縄《おきなわ》戦を生きぬいたおばあになり、そのとき生きていた人の心を、子どもたちの心に伝えます。

プロフェッショナルの格《かく》言《げん》

カリスマバスガイド、崎原真弓《さきはらまゆみ》さんのことばを心にきざもう。

気配り、目配り、心配り

旅先に沖縄《おきなわ》を選んでくれた人にできるかぎりのことをしたい。だから深い心で、これ以上はもうふくらまないというくらいのおもてなしをしたい。崎原《さきはら》さんの「肝心《ちむぐくる》」のおもてなしです。

心で、心を伝える

戦争を知らない子どもたちに沖縄《おきなわ》戦を伝えるのは、沖縄《おきなわ》のバスガイドの使命。戦争の歴史を語るのではなく、子ども自身の心で、そこにいた沖縄《おきなわ》の人の思いを感じてほしい。沖縄《おきなわ》の心を、子どもの心に伝えます。

まくとぅそーちーねー。なんくるないさ！

「真心をもっていればなんとかなる」。沖縄《おきなわ》に伝わることばです。たとえ苦難《くなん》があっても心次第で明るく生きられる。沖縄《おきなわ》の先人たちのたくましさ、深い悲しみと、それを乗りこえてきた前向きな強さを伝えたい。

異《い》端《たん》の文字、街にあふれる

書体デザイナー

藤《ふじ》田《た》重《しげ》信《のぶ》

日常《にちじょう》生活のいたるところにあふれる、文字。
その文字にもデザインがあることに気づいているだろうか?
線の太さ、角度、とめ、はね、はらいの形。
同じ字でも、デザインによって印象は異《こと》なってくる。
その文字のデザインで、一風変わった仕事をするデザイナーがいる。
その人のつくる文字は、個性的《こせいてき》でありながら、美しい。
ときに異端《いたん》とも評《ひょう》されるユニークなデザイン。
批判《ひはん》にさらされても自分のこだわりを捨《す》てず、
ひたすら、自分の理想の文字を追求し続ける。
その理想の文字とはどんな文字なのだろうか?
彼《かれ》は、文字のデザインによって、
何を表現《ひょうげん》しようとしているのだろうか?

✴理想の書体を求めて

「書体」ということばを聞いたことがあるでしょうか。

書体は、文字の様式、デザインのこと。「フォント」ともいいます。代表的な書体の種類として、明朝体《みんちょうたい》、ゴシック体、教科書体などがあります。

同じ文字でそれぞれの書体を見くらべてみましょう。

明朝体《みんちょうたい》

花の香り

ゴシック体

花の香り

教科書体

花の香り

ちょっとおもしろい書体も。

古印体《こいんたい》

花の香り

勘亭流《かんていりゅう》

花の香り

書体のちがいで、同じ「花の香《かお》り」という文字でも、それぞれちがう花、ちがう香《かお》りを連想させるくらい、印象を変えてしまいます。明朝体《みんちょうたい》やゴシック体などはバリエーションも多く、○○明朝《みんちょう》、○○ゴシックという名前で、その書体ごとに異《こと》なる特徴《とくちょう》を備《そな》えた書体がたくさんあります。

福岡《ふくおか》市にあるフォントワークスという会社は、これらの書体をつくっている会社です。書体を作成して、コンピューターでつかえるように販売《はんばい》しているのです。販《はん》売《ばい》された書体は、書籍《しょせき》や雑誌《ざっし》、広告などの印刷物、テレビ番組のテロップ、コンピューターで閲覧《えつらん》するＷＥＢ《ウェブ》サイトなど、暮《く》らしの中で広く使用されています。

この会社に、書体界のヒットメーカーとして知られる、書体デザイナーの藤田重《ふじたしげ》信《のぶ》さんが所属《しょぞく》しています。

書体デザイナーの仕事は、書体を開発、制作《せいさく》することです。

仕事は、まず、どんな印象の書体にするかを検討《けんとう》することからはじまります。イメージ、方針《ほうしん》が決まったら、ここからが大仕事。イメージにあわせて、一つひとつの文字を作成する作業へ入ります。作業はコンピューターでおこない、マウスを操《そう》作《さ》して、紙に字を書くのと同じように、モニター上に文字を書いていきます。線1本、点ひとつ、すべて手作業です。線の長さや太さ、点の大きさや角度、丸みの具合や、はね、はらいの調子など、さまざまなポイントを細かく検討《けんとう》し、修正《しゅうせい》、調整しながら、その書体ならではの文字をつくるのです。

　ひとつの書体をつくるには、ひらがな、かたかな、アルファベット、漢字をあわせて、少なくとも８０００字、多い場合には2万字をデザインしなければなりません。書体の開発・制作《せいさく》は、完成までに数年かかることもある、根気のいる作業です。

　これまでに藤田《ふじた》さんがつくってきた書体は、１３０種類以上。中でも、もっともよく知られているのが、「筑紫《つくし》」という名

■ 筑紫《つくし》書体シリーズ

筑紫《つくし》明朝《みんちょう》-D

あいうえおかきくけこさしすせそ

筑紫《つくし》ゴシック -D

あいうえおかきくけこさしすせそ

筑紫《つくし》 A 見出《みだし》ミン -E

あいうえおかきくけこさしすせそ

前のついた書体です。「筑紫《つくし》」書体シリーズには、線の太さなどが異《こと》なる明朝体《みんちょうたい》、ゴシック体など、40種類以上の書体があります。

書店の書棚《しょだな》には、藤田《ふじた》さんのつくった書体があふれています。藤田《ふじた》さんは、その独創的《どくそうてき》な書体で名前を知られているデザイナーなのです。この本でも、ここからは藤田《ふじた》さんのつくった筑紫明朝《つくしみんちょう》をつかってみましょう。

＊＊＊

藤田《ふじた》さんの、文字へのこだわりは、どんなところにあるのでしょうか。

藤田《ふじた》さんは、書体をデザインするとき、文字を人や動物に重ねていると言います。

たとえば、ある書体の「さ」の字。2画目から3画目にかけての線の感じを、猿《さる》の鼻に見立てて、猿《さる》の顔をイメージしました。

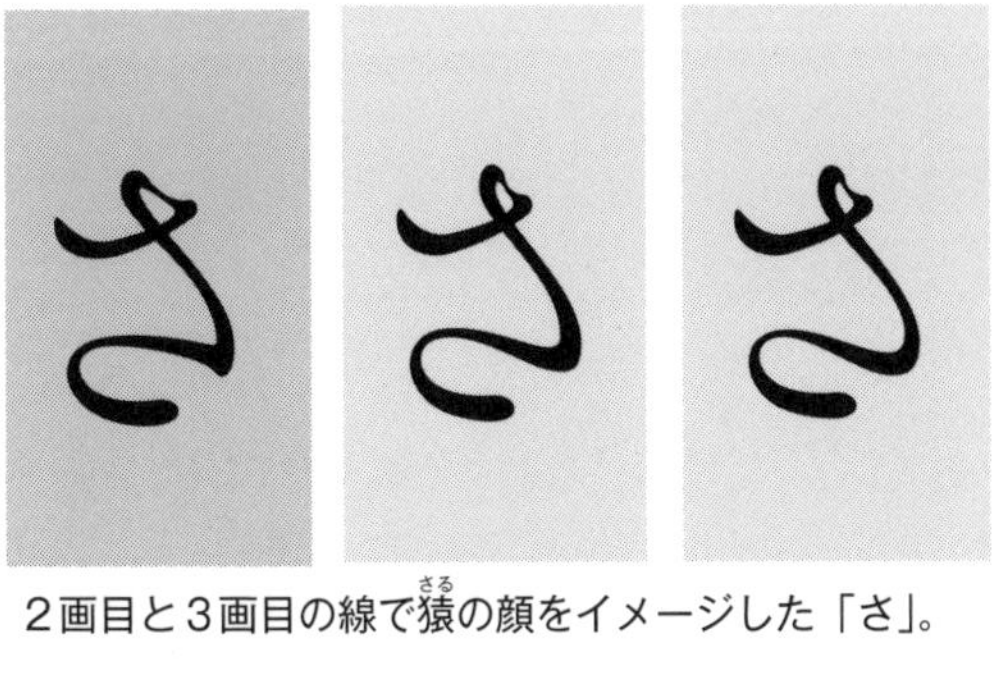

2画目と3画目の線で猿《さる》の顔をイメージした「さ」。

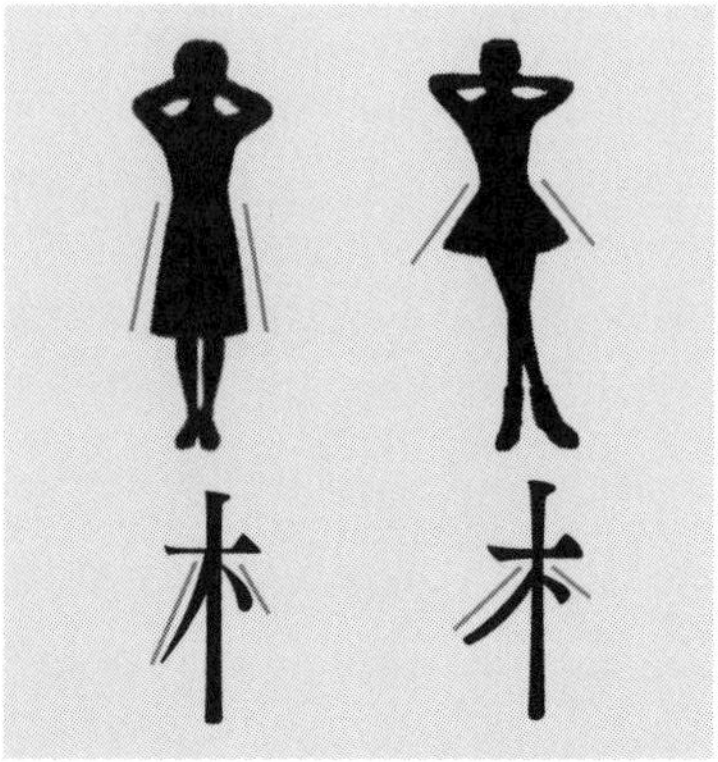

左が 30 年前につくられた木へんで、
右が藤田《ふじた》さんが考えた木へん。

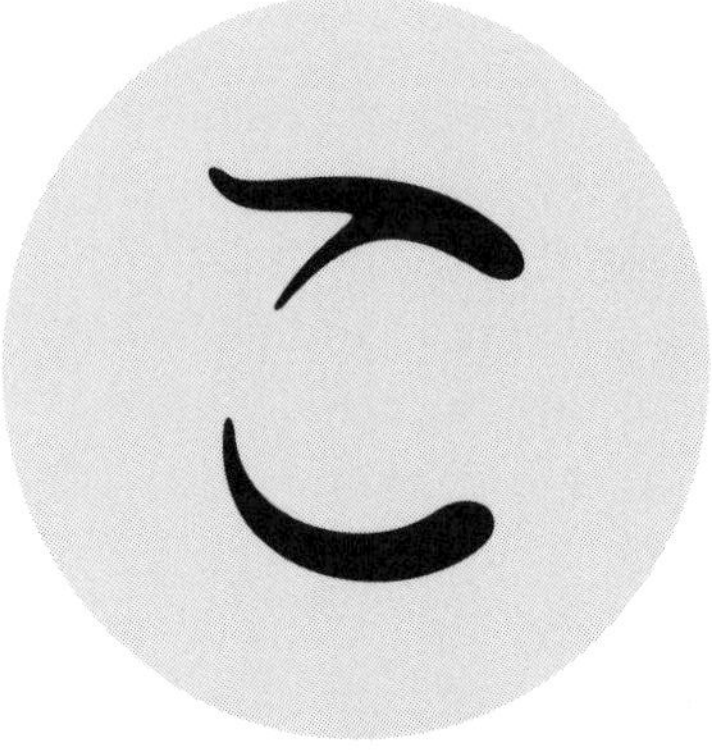

サラリーマンの髪《かみ》の毛が 1 本
たれているイメージの「こ」。

「こ」の字の1画目の最後のはねは、サラリーマンの、ちょろりと1本たれた前髪《まえがみ》。

漢字も同じです。たとえば木へん。30年前につくられた書体の木へんは、藤田《ふじた》さんにはひざ丈《たけ》のスカートのお行儀《ぎょうぎ》のよい女の人のように感じられます。一方、藤田《ふじた》さんがつくった木へんでは、スカートの丈《たけ》を短くし、すそを広げるイメージにしました。足の長いスーパーモデルのような木へんに生まれ変わらせたのです。

こうしたユニークなくふうは、ただ変わった書体をつくろうという意図でするのではありません。藤田《ふじた》さんには書体の理想があるのです。

時代を感じ、時代を超《こ》える書体

藤田《ふじた》さんは自分がめざす書体について、こう話します。

「昔の書体がもっているムードのようなもの、古きよきものは受《う》け継《つ》ぎつつ、いまの時代に新鮮《しんせん》に感じられる書体をつくりたいんです。ひと粒《つぶ》ひと粒《つぶ》が、個性《こせい》をもってきらきら輝《かがや》いている書体。そういう書体でなければ新しくつくる意味がないんじゃないかな。きちんとしたものができれば、この先１００年つかわれる可能性《かのうせい》があるんです。そういうことを念頭において、妥協《だきょう》せずにつくらなければと思っています」

すでにあるものの中からよいものを引《ひ》き継《つ》ぎ、そこに、自分の感性《かんせい》でおもしろいと感じたもの、美しいと思うものをそえて、新しい書体を生みだす藤田《ふじた》さん。いま見て新鮮《しんせん》で、しかもこの先も魅力《みりょく》を失わない書体を追求しています。その理想の書体に到達《とうたつ》するために、筆の毛先１本分のわずかなちがいにもこだわり、細かい調整をくり返すのです。

越智《おち》さんが悩《なや》んだ8。

越智《おち》さんがつくったサンプル。

＊＊＊

理想の書体をめざす藤田《ふじた》さんの仕事への姿勢《しせい》は、きびしいものです。

藤田《ふじた》さんの部下の越智亜紀子《おちあきこ》さんが、はじめて新しい書体の開発をまかされたときのことでした。越智《おち》さんがつくる新しい書体のコンセプトは、「いまふうに力がぬけた、ゆるかわいい書体」。越智《おち》さんがつくったサンプルをチェックした藤田《ふじた》さんは、次々《つぎつぎ》にきびしい意見をだしました。

「『K』はシンプルで漢字とも雰囲気《ふんいき》が合っているけど、『R』はこてこてしすぎだよ。それに数字の『8』は、くずれ方がかわいくない。ここまで手書き風じゃなくて、幾何学《きかがく》的な感じにしてもいいと思うよ」

やり直しです。

それから2週間、越智《おち》さんは、数字の修正《しゅうせい》に苦戦しまし

■越智《おち》さんがつくった2種類の書体

修正前《しゅうせいまえ》

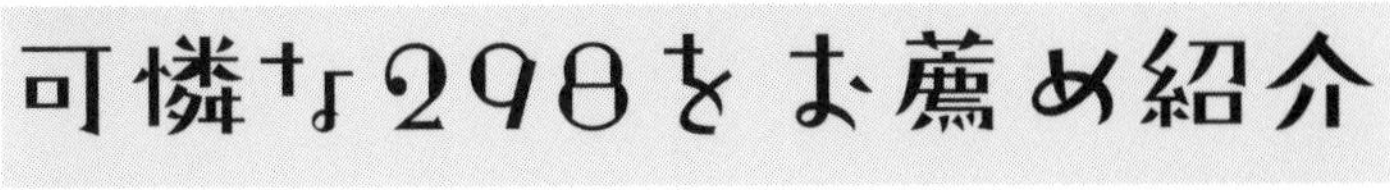

修正後《しゅうせいご》

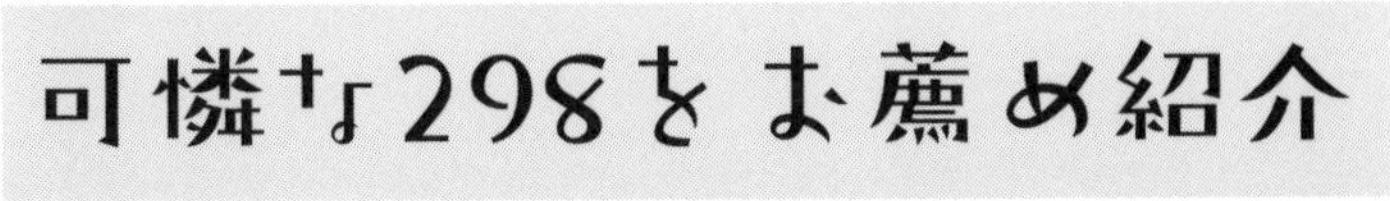

た。とくに「8」が越智《おち》さんの悩《なや》みの種。藤田《ふじた》さんがアドバイスをしました。

「何種類もつくったほうがいいよ88888888って」

そう言われて、越智《おち》さんは、いろいろな「8」をつくってみました。でも、つくればつくるほど、何が正解《せいかい》なのかわからなくなってしまいました。

数日間の、つくっては直しての作業のくり返しの末、越《お》智《ち》さんは、藤田《ふじた》さんに、つくり直したサンプルを見せました。ひととおり確認《かくにん》した藤田《ふじた》さん、こんどは、

「前につくったものと、今回のこれを並《なら》べて、『どっちがいいですか?』って、何人かに聞いておいでよ」

と指示《しじ》しました。藤田《ふじた》さんの言うとおりに、2種類の書体を並《なら》べて、社内の人に意見を聞いて回りはじめた越智《おち》さん。すると、

「前の書体のほうが、バランスがよいと思います」

「新しいのは、なんとなく、いやです」

「古い書体のほうが、数字がほかの字となじんでいる気がするなあ」

というきびしい意見が返ってきました。残念なことに、新デザインは不評《ふひょう》。越智《おち》さんは、がっかりしてしまいました。

　部下の挫折《ざせつ》はかわいそうでしたが、藤田《ふじた》さんは、批《ひ》判《はん》にさらされてこそ、文字の本当の力が生まれる、と考えていたのです。

たたかれて完成する

　書体デザイン歴40年のベテラン藤田《ふじた》さんも、自らきびしい意見に身をさらします。

文字がおりなす
新しいデザインの世界
CK HUMOR98

その後、さらに改良を重ねて完成した、新しい書体「パルラムネ」。

越智《おち》さんと同じように、作成中の自分の新しい書体のサンプルをもって、社内の人に見せて回りはじめた藤田《ふじた》さん。すると、遠慮《えんりょ》のない意見が飛びだしてきます。

「この『そ』は、なんだか、アヒルみたいですよ」

「アヒル?」

自分のつくった「そ」をまじまじと見直す藤田《ふじた》さん。

「そう言われてみると、なんだか子どもっぽい字に見えてきたよ」

自分以外の人の目を借りなければ、見えないものもある。藤田《ふじた》さんは、それをよく知っていたのです。

批判《ひはん》をおそれていては新しいものは生まれない、と藤田《ふじた》さんは言いました。

「はずかしいとか、かっこ悪いとか、言っていられない。冷静に見たら『なんだ、これ?』というようなものでも、信念と情熱《じょうねつ》をもって一生懸命《いっしょうけんめい》やって、人にぶつけていく。その結果、おもしろいものにたどりつけるんです」

そんなベテランにはげまされて、越智《おち》さんは、

(納得《なっとく》できるまでもがいてみよう)

覚悟《かくご》を決め、根気強く新しい書体に取り組み続けました。そして、ついに自分の書体を完成させることができたのです。完成した越智《おち》さんの書体には、「パルラムネ」という書体名がつけられました。

ベテランの藤田《ふじた》さんも、若手《わかて》の越智《おち》さんも、理想の書体をめざして、たたかれながら、もがきながら、進んでいくのです。

✴人生を変えた書体

子どもの頃《ころ》の藤田《ふじた》さんには、とくに思いえがく将来《しょうらい》の夢《ゆめ》がありませんでした。地元、福岡《ふくおか》では美術系《びじゅつけい》の高校にかよいましたが、自分よりも絵のじょうずな人ばかりで、自信をもてることはあまりありませんでした。唯一《ゆいいつ》、得意だったのは、文字のデザインをするレタリング。卒業後は、印刷用の文字をつくる会社、写研《しゃけん》に就職《しゅうしょく》し、福岡《ふくおか》をはなれました。

しかし、藤田《ふじた》さんは、仕事にはそれほどのめりこみませんでした。書体づくりより、ファッションに熱中。おしゃれを楽しんで20代をすごしました。

そんな藤田《ふじた》さんに転機が訪《おとず》れたのは、30歳《さい》をすぎた頃《ころ》です。きっかけは、ある企業《きぎょう》の広告でした。広告につかわれていた大きな「ほほえみ」というひらがなの4文字が目に飛びこんできて、突然《とつぜん》、書体に目覚めたのです。

その書体は「石井明朝《いしいみんちょう》オールドスタイル」という書体でした。なんともいえない味のある筆さばきをあらわした、形の美しい文字。見た人に強い印象をのこすその書体は、高く評価《ひょうか》され、広告などでたくさんつかわれていました。

石井明朝《いしいみんちょう》は、写研《しゃけん》が開発した代表的な書体でしたが、それまで藤田《ふじた》さんはその書体をそれほ

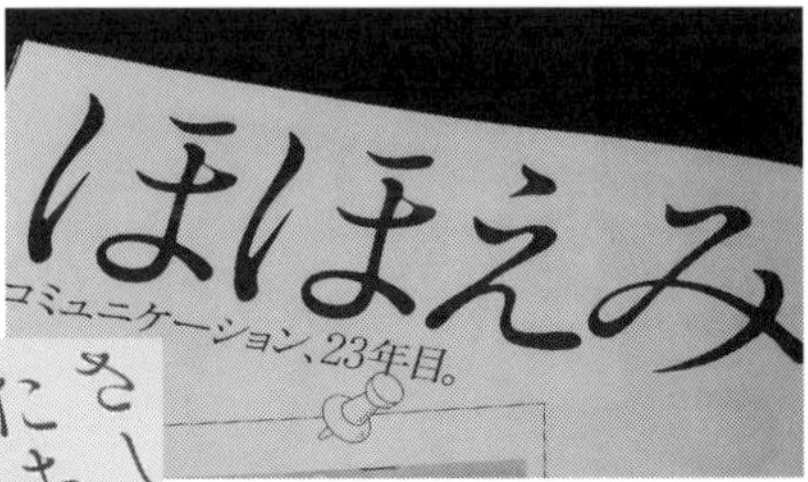

藤田《ふじた》さんの運命を変えた広告。

石井明朝《いしいみんちょう》オールドスタイルの文字。

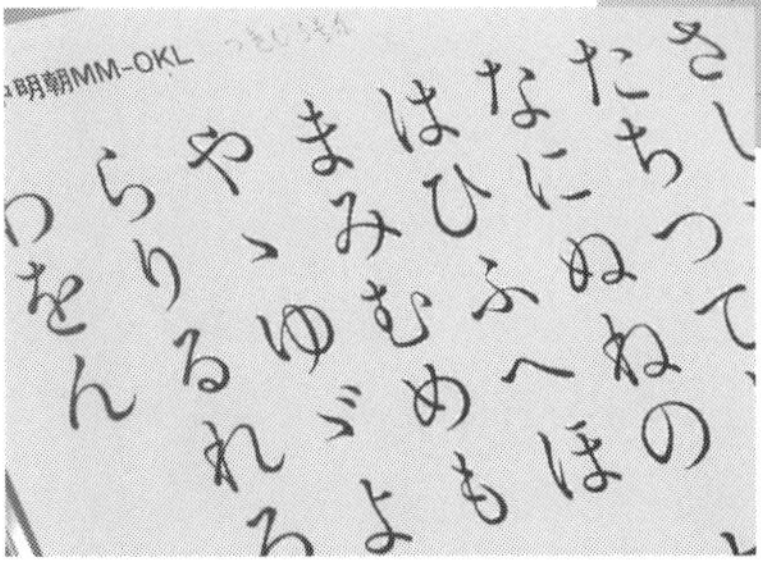

どよいと思っていませんでした。石井明朝《いしいみんちょう》は文字の一つひとつにこだわりが強すぎるような気がして、若《わか》い藤田《ふじた》さんには、もっとさっぱりした都会的な文字のほうが心地よく感じられたのです。

それが「ほほえみ」の4文字を見た瞬間《しゅんかん》に、変わってしまいました。石井明朝《いしいみんちょう》のひらがなの形の美しさに引き寄《よ》せられ、すっかり心をうばわれてしまった藤田《ふじた》さん。

(これは、すごいな……)

書体のもつ力に圧倒《あっとう》され、文字について深く考えはじめます。いろいろな書体を見くらべ、つきつめていくと、石井明朝《いしいみんちょう》の奥深《おくぶか》い魅力《みりょく》が、あらためて感じられました。伝統《でんとう》的な明朝体《みんちょうたい》のよさを保《たも》ちつつ、際立《きわだ》った個性《こせい》があります。この石井明朝《いしいみんちょう》に刺激《しげき》を受けて、藤田《ふじた》さんは、はじめて、書体づくりの仕事に夢《ゆめ》をいだきました。

(自分の明朝体《みんちょうたい》をつくりたい!)

しかし、ちょうどその頃《ころ》、印刷業界は激動《げきどう》の時代にさしかかり、藤田《ふじた》さんのつとめていた写研《しゃけん》の事業は、縮小《しゅくしょう》してしまっていました。新しい書体をつくることなど、とてもできません。

理想の書体をつくる夢《ゆめ》にふみだせないまま、10年の月日が流れました。

40歳《さい》をすぎたある日のこと、藤田《ふじた》さんは、転職《てんしょく》した元同僚《どうりょう》から、思いがけない話をもちかけられました。

「福岡《ふくおか》の会社が、質《しつ》の高い明朝体《みんちょうたい》をつくれる人を探《さが》している。行ってみないか?」

コンピューターであつかう文字の書体をつくる会社です。40歳《さい》をすぎての転職《てんしょく》には、不安もありました。しかし、これが、自分の書体をつくれる最後のチャンスかもしれません。

藤田《ふじた》さんは、福岡《ふくおか》の会社に移《うつ》ることを決断《けつだん》しました。それが、フォントワークスでした。

ひたすら夢《ゆめ》を追う

フォントワークスに移《うつ》るとすぐ、藤田《ふじた》さんは明朝体《みんちょうたい》をつくりはじめました。夢《ゆめ》のはじまりです。しかし、それは、途方《とほう》もない作業のはじまりでもありました。

1年かけて、ようやくひとそろいの書体を仕上げましたが、周囲からの評価《ひょうか》はい

まひとつ、ぱっとしません。自分でも、つくってから少し時間をおいて見直すと、

（これはだめだな……）

と思うような書体でした。なんどつくっても、よくも悪くもない、ふつうの書体。藤田《ふじた》さんならでは、というような個性《こせい》のある、魅力的《みりょくてき》な書体にはなりませんでした。

とくにむずかしかったのが、ひらがなです。標準的《ひょうじゅんてき》であることを求められる明朝《みんちょう》体《たい》のひらがなで、個性《こせい》をだすというのは、思いのほかむずかしいことでした。

でも、藤田《ふじた》さんは、つらいとは思いませんでした。書体をつくることが楽しくて、ずっと熱中していられたからです。

試行錯誤《しこうさくご》をくり返すうち、藤田《ふじた》さんは、それまでベースにしていた安定感のあるひらがなの書体からはなれ、少し動きのあるひらがなの書体を参考にすることを思いつきました。両方のひらがなの特徴《とくちょう》を研究して、じょじょに、ひらがなのつくり方のこつをつかんでいった藤田《ふじた》さん。転職《てんしょく》から3年あまりのち、ついに、新しい書体「筑紫明朝《つくしみんちょう》」を完成させました。

藤田《ふじた》さんがこだわったひらがなは、直線的なところがなく、美しい曲線で形づく

られています。半紙に筆で、すーっと書いたような、なめらかなひらがな。

筑紫明朝《つくしみんちょう》は、すぐに印刷業界で評判《ひょうばん》になりました。昔の印刷でつかわれていた文字のような、独特《どくとく》のバランスがあったのです。そのバランスは、一つひとつの文字の美しさへの、藤田《ふじた》さんの徹底的《てっていてき》なこだわりから生まれたものでした。

「ようやく、新しい印刷でも、こういう書体をつかえるようになった」

そう評価《ひょうか》されるのは、本当にうれしいことでした。長年チャンスをまち、何年も地道な努力を重ね、藤田《ふじた》さんはついに「自分の理想の書体」をつくり上げたのです。

「なんのとりえもないサラリーマンでも、夢《ゆめ》はつかめる」

遅咲《おそざ》きの夢《ゆめ》追い人、藤田《ふじた》さんは、そう言って笑いました。

✴明治《めいじ》の文字への挑戦《ちょうせん》

「この『ふ』はいいな……」

藤田《ふじた》さんが、ひとつの文字を見つけて、声をもらしました。

見ているのは、福沢諭吉《ふくざわゆきち》が刊行《かんこう》した習字の教科書『啓蒙手習之文《けいもうてならいのふみ》』。150年前、明治《めいじ》時代の本です。

この本に、字のお手本として掲載《けいさい》されている、ひらがなの「ふ」の字は、3画目の左の点が思いきり下がり、4画目の右の点が極端《きょくたん》に上がった、独特《どくとく》な形です。現在《げんざい》、一般《いっぱん》的に印刷で用いられている「ふ」の字とはだいぶ印象がちがいます。

このユニークで美しい「ふ」を見て、藤田《ふじた》さんの創《そう》作意欲《さくいよく》に火がつきました。

(この「ふ」のイメージを、五十音に広げていこう)

不思議な形の「ふ」をもとにして、同じ特徴《とくちょう》で統一《とういつ》された書体をつくろうと思い立ったのです。新しい冒《ぼう》険《けん》のはじまりです。まったくだめかもしれないし、とてもおもしろいものができるかもしれない。藤田《ふじた》さん

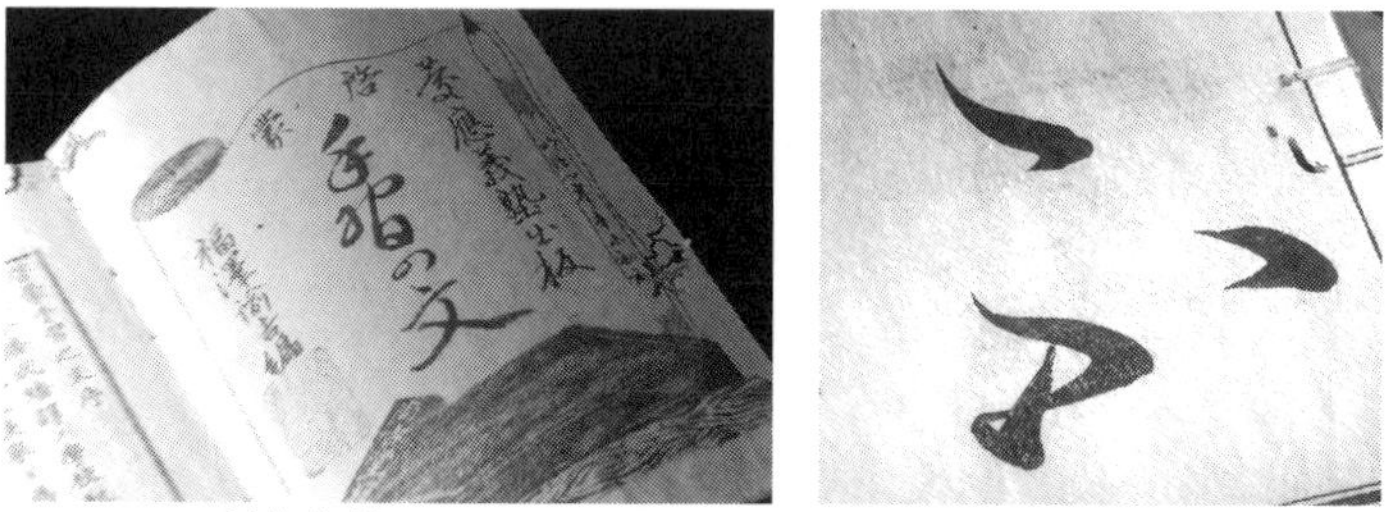

150年前に福沢諭吉《ふくざわゆきち》によってつくられた習字の教科書と、そこにある「ふ」の文字。一点から広がっていくようなイメージ。

は、わくわくしていました。

さっそく、新しい書体の開発がはじまりました。『手習之文《てならいのふみ》』の「ふ」のイメージを原型に、新しい明朝体《みんちょうたい》をつくるのです。めざすのは、立体感のある書体。あの本の「ふ」がもっている、視線《しせん》を一点に導《みちび》いて奥行《おくゆ》きを感じさせるような立体感です。

コンピューターに向かって仕事にとりかかります。

すると、仕事がはやいことで知られる藤田《ふじた》さん、4日で18字のデザインをつくり上げてしまいました。モニターに、作成中の「らやちゆめの」の文字が並《なら》んでいます。それをじっと見つめる藤田《ふじた》さん。「ゆ」の字が気になっています。

(なんだか落ち着かないなあ。安定が悪い)

いろいろな修正《しゅうせい》を試みたあと、「ゆ」の最初の縦《たて》の線と、最後のはらいを、思いきって長くして下まで下げてみました。

落ち着きがないと感じた「ゆ」（左）と、修正《しゅうせい》した「ゆ」（右）。

「ゆ」の修正《しゅうせい》後に気になりはじめた「め」。

すると、「ゆ」の字が、どっしりと安定した感じになりました。気分よく「ゆ」を確認《かくにん》した藤田《ふじた》さんですが、ふと、となりの「め」に目がいきます。

（「ゆ」が全体的に下がったから、「め」が浮《う》き上がって見える……）

「ゆ」の修正《しゅうせい》によって、こんどは「め」のバランスを修《しゅう》正《せい》しなければならなくなりました。玉つきのように、次々《つぎつぎ》にほかの字の調整が必要になっていきます。

文字は、一つひとつがどれほどよくても、それを組み合わせてみたときに、ばらばらに見えることがあります。極端《きょくたん》にいうと、ミステリーなどにでてくる、切りぬいた文字をはりあわせてつくった脅迫状《きょうはくじょう》のような感じです。そういう書体はとても読みにくいものです。藤田《ふじた》さんは書体をつくる際《さい》、文字同士が気持ちよくなじむよう、きれいに並《なら》ぶよう、細心の注意をはらっています。

いくつかの修正《しゅうせい》をしたあと、モニターの文字は、きれいにそろって並《なら》びました。

「うん」

藤田《ふじた》さん、納得《なっとく》して、ひとりうなずいています。


数日後。藤田《ふじた》さん、こんどは「も」の字につまずいていました。

(もうひとつ、何か、足りない。軽すぎる……)

「も」に、この書体らしい特徴《とくちょう》をつけられずに、悩《なや》んでいるのです。この「も」についてては、もう9日も考え続けていますが、よいアイデアが浮《う》かびません。

問題は、2画目、3画目の、2本の横棒《よこぼう》。その部分が、藤田《ふじた》さんの感覚では、殺風景でした。原型である「ふ」に共通する、この書体ならではの「クセ」を、この2本の横棒《よこぼう》にあらわしたいと考えています。

「も」1文字に何日も考えこみながら、藤田《ふじた》さんは、つくづく、明朝体《みんちょうたい》という書体の奥深《おくぶか》さを思い知らされていました。

明朝体《みんちょうたい》はこれまで無数につくられてきましたが、藤田《ふじた》さんは、明治《めいじ》のはじめ、本格《ほんかく》的な印刷がはじまった頃《ころ》につくられた書体にひかれます。文字をつくった職人《しょくにん》た

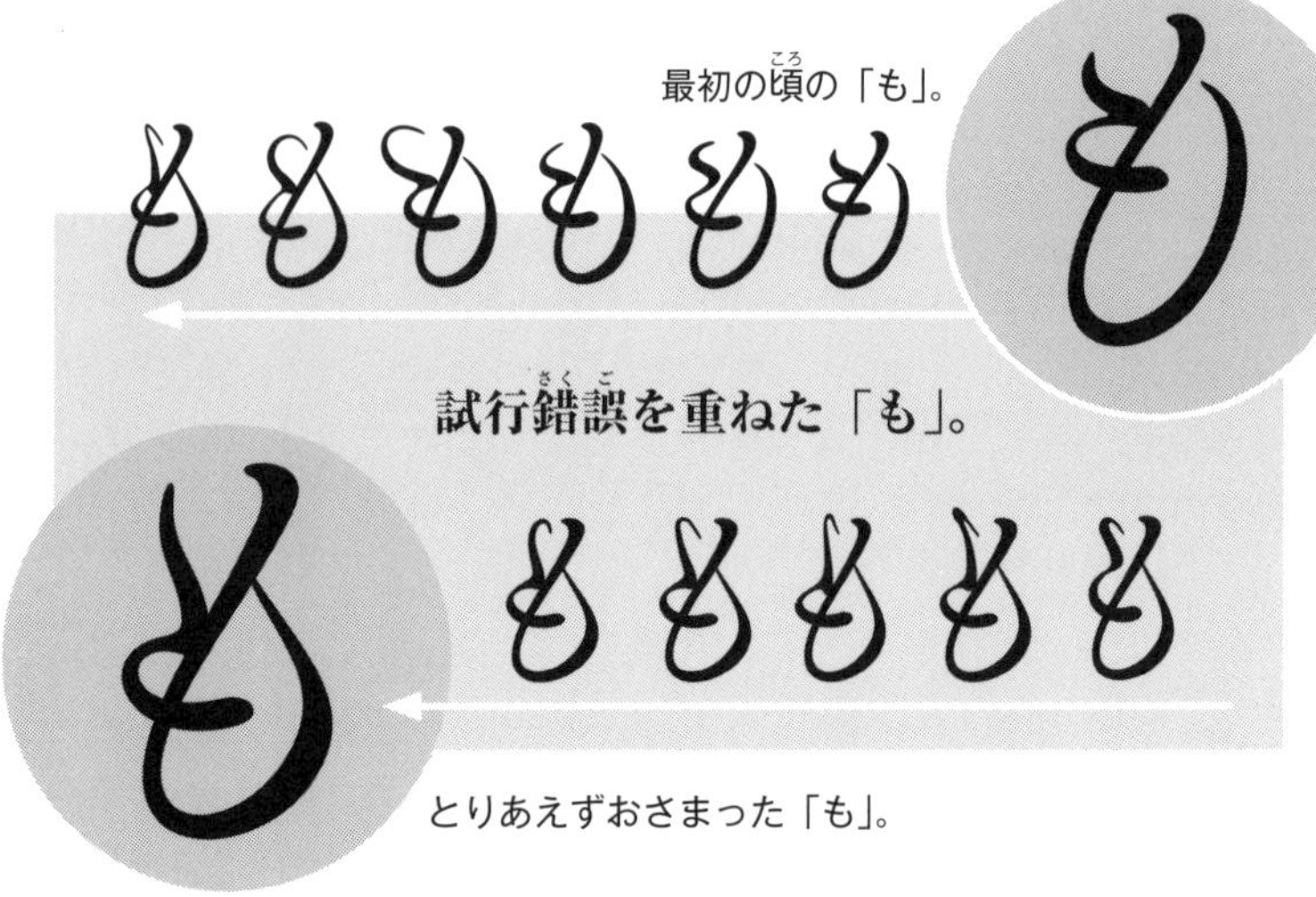

ちのパワーと遊び心があふれ、底知れない魅力《みりょく》がありました。その魅力《みりょく》を十分に知っているからこそ、藤田《ふじた》さんは、いまつくっている新しい書体を、過去《かこ》の書体に負けない、10倍おもしろいものにしたいと思うのです。

「も」が頭からはなれない藤田《ふじた》さん。自宅《じたく》に帰っても、「も」のことばかり考えています。土曜日の夜、お風呂《ふろ》上がりに突然《とつぜん》思いついたことがあって、コンピューターを開き、「も」を修正《しゅうせい》しはじめました。例の、2本の横棒《よこぼう》を、大胆《だいたん》にずらして動きをだします。そのずらし方にも、いろいろなやり方があり、少しずつちがうずらし方の「も」をいくつもつくっていきます。

（とりあえず、この「も」でいこう）

異端《いたん》の文字、街にあふれる

藤田重信《ふじたしげのぶ》

やっとそう思えた「も」は、上の横棒《よこぼう》だけが極端《きょくたん》にかたむいた、個性的《こせいてき》な「も」。この字ができあがったとき、時計は午前3時を回っていました。

新しい書体の開発スタートから、1か月ほどたちました。藤田《ふじた》さんは、五十音をひととおり完成させていました。その五十音をもって東京《とうきょう》へ向かいます。試作段階《だんかい》の新しい書体を、信頼《しんらい》できる人に見てもらうのです。覚悟《かくご》して、批判《ひはん》に身をさらします。

まず、訪《たず》ねたのは、祖父江慎《そぶえしん》さん。日本を代表するブックデザイナーです。ブックデザイナーとは、本のデザインをする人。本の文字の種類や大きさ、配置などを考える専門家《せんもんか》で、文字の美しさやそのつかい方には、人一倍神経《しんけい》をつかっています。祖父江《そぶえ》さんは、個性的《こせいてき》でギリギリのところまでチャレンジする藤田《ふじた》さんのデザインが大好きで、つねに前向きに書体をデザインする藤田《ふじた》さんを、いつも応援《おうえん》しているデザイナーさんです。

「こんにちは。どうも」

笑顔で出むかえる祖父江《そぶえ》さん。事務所《じむしょ》の大きなデスクをはさんで、藤田《ふじた》さんはさっそく、新しい書体について説明をはじめました。

「福沢諭吉《ふくざわゆきち》の、習字の本がありまして」

「ああ、ありますね。『手習之文《てならいのふみ》』かな？」

「ええ。その中にあった、ひらがなの『ふ』の字を発展《はってん》させた書体なんです。五十音が、いま、こんな感じなんですが」

手わたされた五十音をじっと見る祖父江《そぶえ》さん。どんな反応《はんのう》が返ってくるか、藤田《ふじた》さんは、落ち着かない気持ちでまっています。

祖父江《そぶえ》さんが口を開きました。

「なんというか……異常《いじょう》気象で風があちこちに吹《ふ》きまくっているような書体です」

おだやかな笑顔ですが、ほめている感じではありません。

「ここまで個性《こせい》的だと、よいのか悪いのか、もう、さっぱりわからないけど、『の』なんかは、ふつう、ちょっとありえない。いびつすぎると思いますね」

祖父江《そぶえ》さんは、試作の五十音の「の」を、鉛筆《えんぴつ》で正方形に囲みました。藤田《ふじた》さん

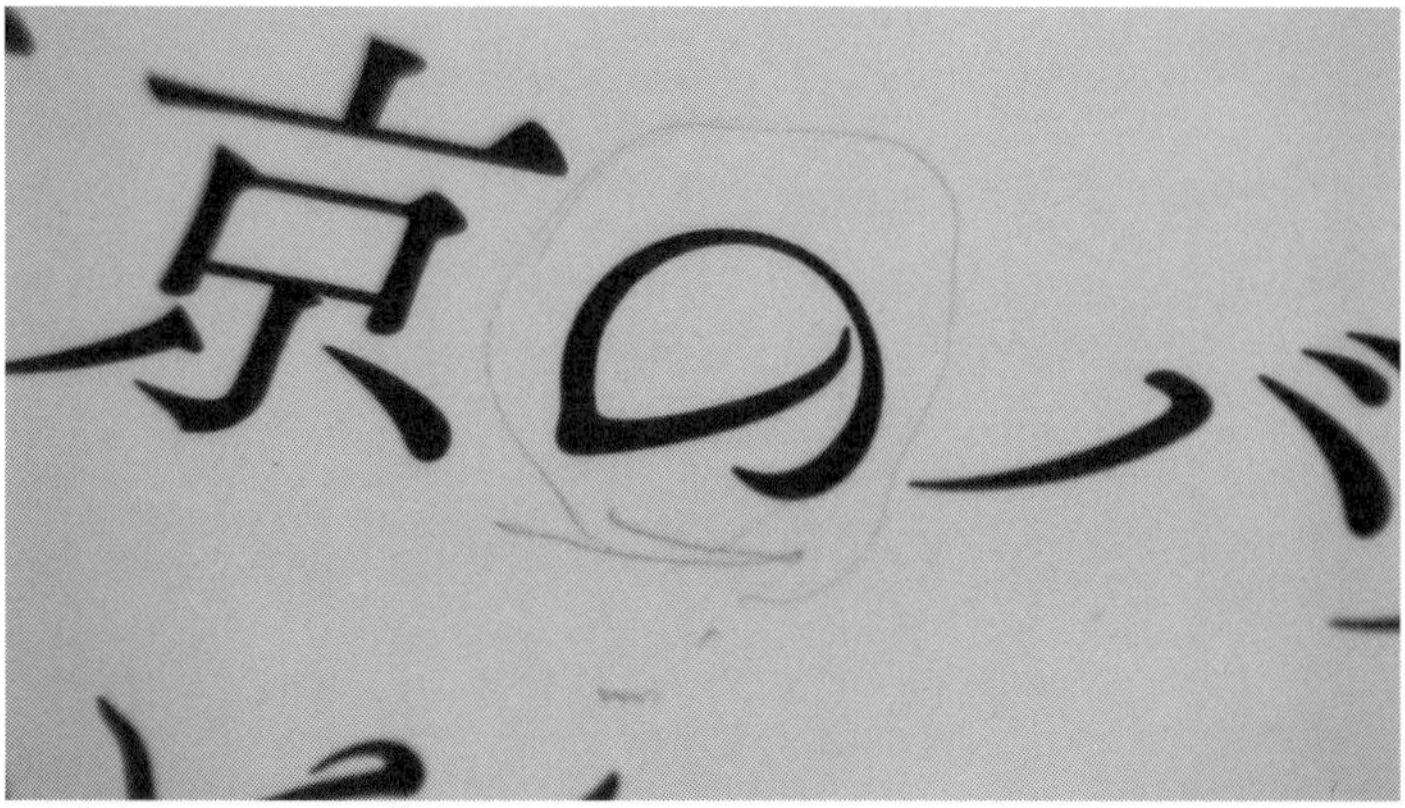

祖父江《そぶえ》さんに見せた藤田《ふじた》さんの新書体案。

の「の」が、時計回りに大きくかたむくようにゆがんでいるのが強調されます。「『ゆ』もそうだね。この『ゆ』は、タコ、ゆでダコって感じですもんね」

藤田《ふじた》さんが細かく調整した「ゆ」です。

「この『ゆ』とか、『め』、さっきの『の』、これで『ゆめの』なんて組まれたら、それはたぶん悪夢《あくむ》ですよ。本文が組まれるのを拒否《きょひ》している書体です」

本文というのは、書籍《しょせき》や雑誌《ざっし》の、タイトルや見出しではない、読み物本体部分のことです。「組む」というのは、文字を組み合わせて並《なら》べること。文字がつまった読み物部分ではつかえない書体だ、という意見でした。

やわらかい口調ですが、内容《ないよう》は、本の専門家《せんもんか》ならではのきびしい批評《ひひょう》でした。いつもは藤田《ふじた》さんのデザインを高く評価している祖父江《そぶえ》さんですが、「ゆ」や「め」のデザインは、本文組みにつかうには目立ちすぎるのではないかと心配しています。

「すみませんね」

気の毒そうな表情《ひょうじょう》の祖父江《そぶえ》さん。

「いえいえ」

さすがの藤田《ふじた》さんも肩《かた》を落としますが、書体はたたかれて完成する、と身をもって知っているのでへこたれません。

顔を上げて、次のプロのところへ向かいます。

次に藤田《ふじた》さんが訪《たず》ねたのは、鳥海修《とりのうみおさむ》さん。藤田《ふじた》さんと同じ書体デザイナーです。書体業界の第一人者として知られ、鳥海《とりのうみ》さんの代表作「ヒラギノ」書体は、有名メーカーのスマートフォンの標準《ひょうじゅん》書体として使用されています。「異端《いたん》」とも評《ひょう》される藤田《ふじた》さんに対して、「正統派《せいとうは》」と称《しょう》される鳥海《とりのうみ》さんは、写研《しゃけん》時代の藤田《ふじた》さんの同《どう》僚《りょう》でもあります。25年ほど前に、自分の事務所《じむしょ》を設立《せつりつ》し、書体デザインの仕事をしています。

新しい書体について、かんたんに説明をした藤田《ふじた》さんは、

「鳥海《とりのうみ》さんに、なんでもいいから、ご意見いただけるとありがたいなと思って」

と、試作した書体を鳥海《とりのうみ》さんに差しだしました。

五十音を目で追いはじめた鳥海《とりのうみ》さん。しばらくして、顔を上げました。

「『い』とか『む』とか、『し』、あと『そ』もそうだけど。もう、いいかげんにしろって感じだよね」

元同僚《どうりょう》の鳥海《とりのうみ》さんは、笑いながら、でも、遠《えん》慮《りょ》なくずばりと言います。

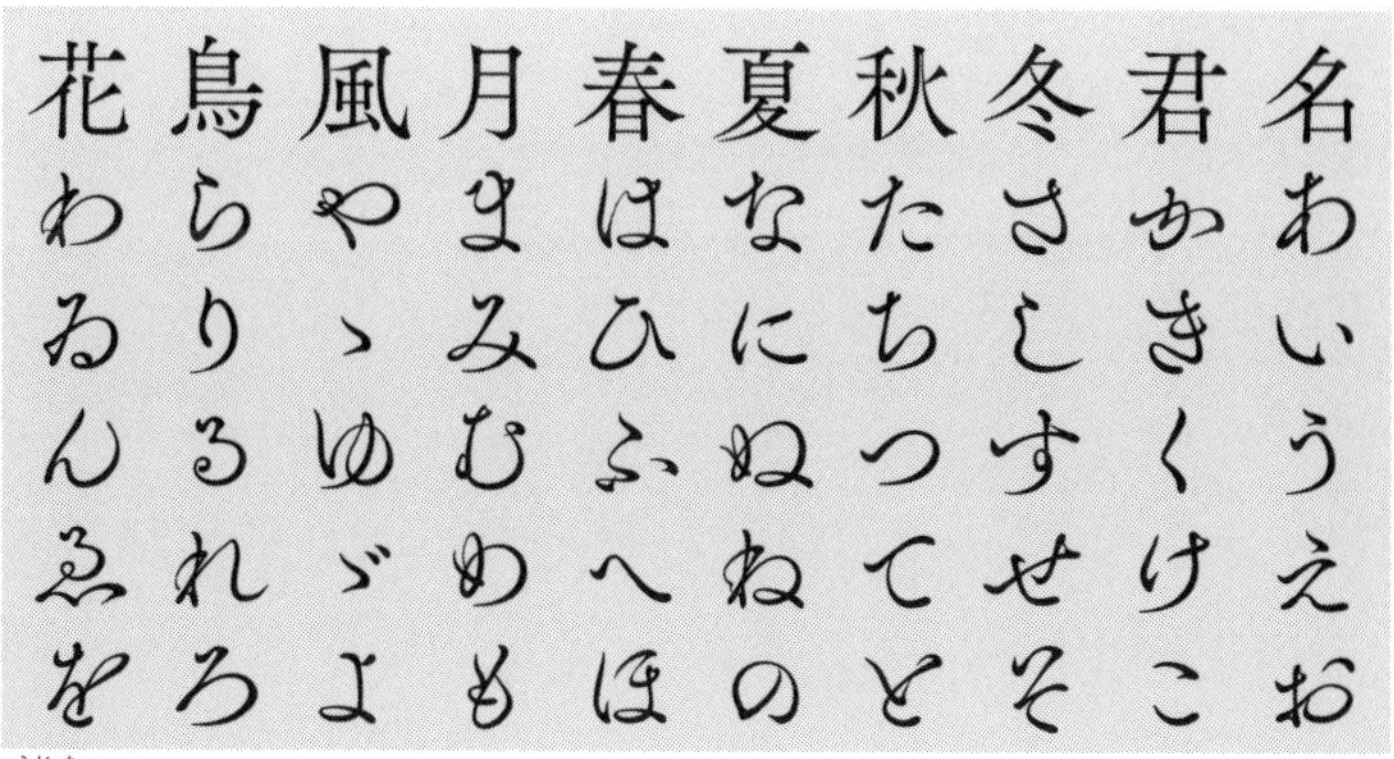

藤田《ふじた》さんが試作した書体。

『て』も、おれはだめだな。どうして、こんなふうにゆがめるの?」

鳥海《とりのうみ》さんは、そもそものコンセプトについて藤田《ふじた》さんにたずねました。

藤田《ふじた》さんは、この書体を思いついた経緯《けいい》とめざすところについて話しますが、異端児《いたんじ》の藤田《ふじた》さんの考え方に、正統派《せいとうは》の鳥海《とりのうみ》さんはなかなか納得《なっとく》がいきません。議論《ぎろん》はこの書体を超《こ》えて、デザインに対する根本的な考え方におよびました。

デザインとは

鳥海《とりのうみ》さんは、藤田《ふじた》さんのデザインを、「添加《てんか》するデザイン」と表現《ひょうげん》しました。

「藤田《ふじた》さんはいろんなものを添加《てんか》していくよね。料理にたとえると、ふつうは味噌《みそ》汁《しる》に入れない具を入れるみたいに。結果として、味噌汁《みそしる》なのに和食じゃない、びっくりするような不思議な料理になる。いろんなものをとり入れて、足して、まとめて、というつくり方。おれのやり方だと、よく言えば、洗練《せんれん》をめざすんだよ。そのために、どちらかというと削《けず》る方向にいく。削《けず》って、削《けず》って、削《けず》る」

藤田《ふじた》さんは、反論《はんろん》します。

「従来《じゅうらい》のものもいいし、それをきわめていくことも、それはそれでいいよ。でも、ぼくとしては、もっと広げたいんですよ。『こういう明朝体《みんちょうたい》もある、こういうゴシック体もある』って、新しい可能性《かのうせい》をしめしたい。つかい手さんの反応《はんのう》が悪ければ、ぼくもあきらめる。でも、実際《じっさい》にこれまで、変わったものをつくって、よい反応《はんのう》があった。だから、どんどんやるぞ、と思ってる」

「それ、悪いほうに導《みちび》いてるんじゃないの?」

鳥海《とりのうみ》さんの、どきっとするような問いかけに、藤田《ふじた》さんは率直《そっちょく》にこたえました。

「それは、20年とか50年とかたたないと、わからないよ」

この藤田《ふじた》さんのこたえに、鳥海《とりのうみ》さんもうなずきます。

「何十年かして、『あのとき藤田《ふじた》がつくったものは、本筋《ほんすじ》から外れていた、一時の流行だった』って言われているかもしれない。あるいは、『やっぱり、いいよね』ってのこっているかもしれない。それはわからないんだもの。なら、つくってみなくちゃ」

藤田《ふじた》さんのことばは、自分に言い聞かせているようでもありました。

「ありがとうございました」
元同僚《どうりょう》に頭を下げて、事務所《じむしょ》をでた藤田《ふじた》さん。新しい書体へのよい評価《ひょうか》は得られませんでしたが、その表情《ひょうじょう》には、静かな力がみなぎっています。

鳥海《とりのうみ》さんとの議論《ぎろん》で、自分のデザインの原点を確認《かくにん》することができました。過剰《かじょう》が生みだす個性《こせい》。正解《せいかい》かどうかはわかりません。しかし、それこそが、藤田《ふじた》さんの強みであり、藤田《ふじた》さんが書体をつくる意味なのです。

ためらわず、ふりきる

やりすぎ、と批判《ひはん》されることもあるかもしれません。でも、ためらわず、めいっぱいふりきるのが、藤田《ふじた》さんの流儀《りゅうぎ》です。書体づくりは冒険《ぼうけん》。見る人に衝撃《しょうげき》をあたえたい。おもしろいと思わせたい。

(「ふつうでいいね」なんて言われたら、ぼくが新しい書体をつくる意味がない)
ホテルにもどるなり、いすに座《すわ》るのももどかしく、立ったままコンピューターの電源《でんげん》を入れた藤田《ふじた》さん。新しい書体の五十音を見つめます。

異端《いたん》の文字、街にあふれる

藤田重信《ふじたしげのぶ》

「ふつうでいいならぼくがつくる意味がない……」

（この「む」、鳥海《とりのうみ》さんは、絶対《ぜったい》いやって言ってたな。でも、ぼくは大好き。これは直さない）

自分らしく、自分の信じるものを、思いきってつくり続ける。それが、理想の書体への道。その原点にもどった藤田《ふじた》さんは、楽しそうな表情《ひょうじょう》で話しました。

「絶対《ぜったい》におもしろい明朝体《みんちょうたい》が生まれる、という自信があるんです。自分がどこまでそれをつきつめていけるかが勝負。文字に終点はありません。目いっぱい、できるだけ、よいものにしたい」

そして、さっそくコンピューターに向かって、作業をはじめました。

新しい書体の販売《はんばい》まで、1年半。藤田《ふじた》さんは、ひたすらに自分の理想を追い求めて、試行錯誤《さくご》を続けていきます。

※159ページの6行目から、186ページの10行目まで〝筑紫明朝《つくしみんちょう》〟をつかっています。

異端《いたん》の文字、街にあふれる

藤田重信《ふじたしげのぶ》

プロフェッショナルとは

自分がこうだと思ったら、それを信じて最後まで走りきってゴールすること。
そして、ゴールさせたものが、きちんと評価《ひょうか》されるものであること。
それができるのがプロフェッショナル。

第297回2016年6月13日放送

こんなところがプロフェッショナル！

こだわりぬいた書体を生みだす藤田重信《ふじたしげのぶ》さん。
こんなところがすごいよ。

ひたすら試行錯《さく》誤《ご》する

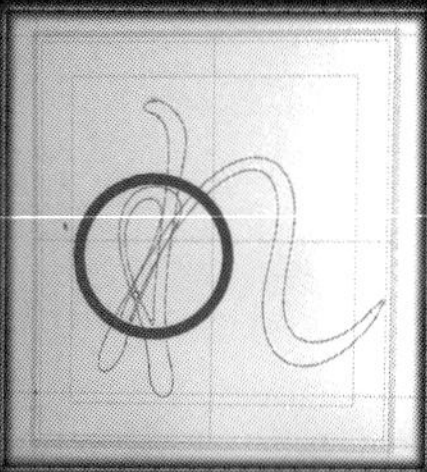

ひとつの文字が気になると、そこで藤田《ふじた》さんの試行錯《さく》誤《ご》がはじまります。ひとつの文字に2日かかることも。「れ」の文字が気になりはじめ（左）、修正《しゅうせい》し続け、2日後、ようやく1か所修正《しゅうせい》をすることで、納得《なっとく》のいく「れ」ができました（右）。

頭の中のイメージを直接《ちょくせつ》かく

藤田《ふじた》さんは下書きをしません。その時間がもったいないからです。下書きをしなくても、藤田《ふじた》さんの頭の中には、文字のイメージがあるのです。新書体の文字を次々《つぎつぎ》とデザインしていく藤田《ふじた》さん。「早がきの藤田《ふじた》」といわれています。

車のデザインにもこだわる

藤田《ふじた》さんの愛車は50年前のイタリアの車。ボディーの丸みがとても美しく、とっても気に入って乗っています。パワーがなくエアコンがつけられず、トラブルも多いそうですが、この美しさは手ばなせないそうです。

小さなちがいは大きなちがい

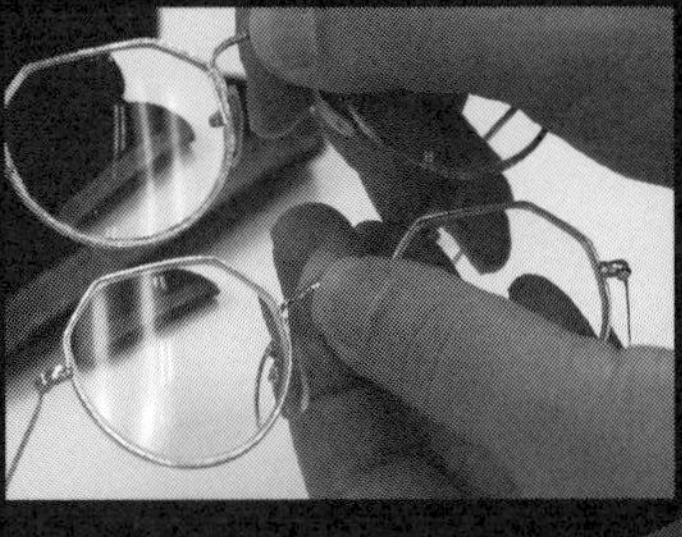

一見同じように見える藤田《ふじた》さんのふたつの眼鏡《めがね》。藤田《ふじた》さんにとっては、全然ちがう眼鏡《めがね》なのです。ほんの小さな形のちがいで、そのものがもつムードが変わってしまうと言う藤田《ふじた》さん。小さな形のちがいにも、とことんこだわります。

プロフェッショナルの格《かく》言《げん》

書体デザイナー、藤田重信《ふじたしげのぶ》さんのことばを心にきざもう。

批《ひ》判《はん》をおそれない

批判《ひはん》にさらされたときこそ本当の力が生まれる。批判《ひはん》をおそれていては新しいものは生まれない。信念と情熱《じょうねつ》をもってやったものを人にぶつけた結果、おもしろいものにたどりつけると藤田《ふじた》さんは言います。

妥協《だきょう》せずつくらなければいけない

昔の書体のよさを受け継《つ》ぎつつ、いまの時代に新鮮《しんせん》と感じられる書体をつくりたいと考えている藤田《ふじた》さん。この先１００年つかわれるかもしれないということを念頭におき、妥協《だきょう》せずにつくっているのです。

ためらわず、ふりきる

過剰《かじょう》が生みだす個性《こせい》。やりすぎと批判《ひはん》されても、ためらわず目いっぱいふりきります。これが藤田《ふじた》さんの書体デザインの原点です。ふつうでは意味がない、見る人に衝撃《しょうげき》やおもしろさをあたえる書体をめざします。

NHK
プロフェッショナル
仕事の流儀

■執　筆　そらみつ企画
■編集協力　株式会社 NHK出版
■デザイン・レイアウト　有限会社チャダル
■イラスト　門司美恵子
■協　力　株式会社オフィス GOTO、万作の会、
有限会社ガーデンルームス、フォントワークス株式会社、
祖父江慎、鳥海修（有限会社字游工房代表取締役）
■写真協力　独立行政法人日本芸術文化振興会、AFLO
■校　正　田川多美恵
■編　集　株式会社アルバ
■カバーイラスト　usi

NHK プロフェッショナル 仕事の流儀 7
表現するプロフェッショナル

発　行　2018 年 4 月　第 1 刷

編　者　NHK「プロフェッショナル」制作班

発行者　長谷川 均
編　集　崎山貴弘
発行所　株式会社ポプラ社
〒160-8565　東京都新宿区大京町 22-1
振　替：00140-3-149271
電　話：03-3357-2212（営業）
03-3357-2635（編集）

ホームページ　www.poplar.co.jp
印刷・製本　中央精版印刷株式会社

N.D.C.916/191 P /20cm　ISBN 978-4-591-15763-3
Printed in Japan